紀錄片《文林銀行》賴皓韋老師最震撼的理財教育

聯經50

我在國小
開了一間銀行

一位斜槓老師的創新實驗
翻轉校園的金融理財教育

賴皓韋・著

目錄

扭蛋
$30
扭蛋
$30

1

我是誰？竟然在小學裡開設了一間銀行！

1-1 從紀錄片導演到銀行行長

我的翻轉人生筆記

二〇一五年，在新北市文林國小首次嘗試大型金融教育平台「文林銀行」。

二〇一八年，成立「翻轉銀行」推廣金融理財教育。

二〇二一年，由陳志漢導演執導的紀錄片《文林銀行》於國內院線放映，獲得廣大迴響。

二〇二三年，「翻轉銀行」正式成立協會。

《我在國小開了一間銀行》記錄了八年間我的努力、觀念與挫折，還有規劃前的思考，以及實施過程各種真實發生的故事，希望能藉此把影響孩子一生的兒童理財教育分享給讀者。

銀行行長之前，曾是月光族

國小首次嘗試的大型金融教育平台「文林銀行」？大家或許會認為這是出自財經科系專家的創意發想吧！

事實上，我是個徹頭徹尾的藝術人：國中開始念的是美術班，直到大學進入師範學院也選擇了美勞教育系。我的生命歷程裡沒有任何與金融知識相關的經驗，對於理財幾乎零概念，也曾是花錢不太考慮後果的月光族。

一點一滴努力，一步一腳印縮小城鄉差異

我的教職起點與多數人不同，由於師院公費生畢業後都要接受政府分發，因緣際會，我的第一份工作被分發到位於南投深山部落的原住民學校——力行國小翠巒分校。

在翠巒分校服務的兩年間，有機會由一個不同的視角觀察台灣這塊土地，發現仍存在著我這個都市平地人殊難想像的點點滴滴；有在地住民的樂天知命，也有資訊落差形成的知識藩籬，有大自然無私的壯麗山河，也有自以為是的人類粗暴施捨。當時的我，視這一切為理所當然，直到離開原住民地區回平地任教後，才慢慢理解，原來「城鄉差異」從來不僅僅是印在書上的四個中文字，而是包含了感知的一切都存在著不同，是好是壞？沒有標準答案，也不應該以偏概全。

在我的觀點，每種文化都有其優缺點，攤在我們面前的都是現況，餘下待處理的課題是：在各文化現況前的你我，持著什麼觀點與態度？能為這塊土地做點什麼？哪怕只是一點點微不足道的改變，都是整個社會往前進的小小力量。

手把手拿起攝影機，讓孩子青出於藍勝於藍

教職生涯中，我喜歡到不同學校嘗試許多有趣的教學；任職新北市大成國小期間，我擔任了多年的紀錄片導演，曾獲得二〇一三「新北市紀錄片獎」拍攝補助金三十萬元，也在學校成立紀錄片社團，帶著國小學生一路從平面攝影、動態攝影、企劃、腳本、分鏡、拍攝、剪接等等過程，手把手協助每個孩子拿起攝影機記錄周遭事物。

當年，數位攝影初步發展成熟，但手機攝影尚不普及，雖然拍攝影片已非遙不可及，但仍需具備許許多多的知識與技能才能順利完成，孩子至少需要花一整年的時間，才有辦法從頭到尾完成一部具有自己觀點的紀錄片作品。

幾位學生甚至拿自己的作品一同競逐紀錄片大獎，我與學生的作品雙雙進入第三輪的十強決選，最後由我的學生勝出，真可謂青出於藍勝於藍的最佳寫照。而我也在整個過程中完成了自己的碩士論文，探討紀錄片教學與媒體素養間的關係。

斜槓老師，跨界完全陌生的金融理財領域

二〇一五年我離開大成國小，來到文林國小擔任學務主任，覺得

在紀錄片教學這條路上也告了一段落，應該可以再來嘗試不同的、有趣的教學。朱玉環校長提出邀請，希望針對學校當時績效不佳的榮譽制度進行調整。校長談到現今社會金錢觀的亂象，看到低收入戶家庭的孩子，不時在社群媒體上貼文炫耀，比如：自己買了三千元的球鞋。這種對金錢優先順序錯誤的觀念著實令人憂心，加上我在研習時受到甘文淵老師的啟發，開啟了我對於金融理財融入學校獎勵制度的想像，於是文林銀行計畫就此展開。

沒經過太多考慮，我就直接著手規劃了整個計畫的雛形，回頭檢視當時的思維，作法比較偏向以遊戲的角度切入，並非以提升金融理財素養為主要目的。我認為一個獎勵制度能成功，貼近真實需求是首要的關鍵；就像遊戲中，透過完成各種任務、累積遊戲代幣，再對價出各種不同的獎勵品，概念上是同樣的脈絡。所以我規劃的重點在於，如何找到一種方法，不僅讓每個人能快速理解，也盡可能與各種事物進行連結與對價，於是催生了「文林幣」。

認識多年的朋友曾問我：「從紀錄片圈跳到金融業？我怎麼看都看不懂，這兩種產業應該是完全不同性格的吧！你到底在玩什麼？」被問到的當下，一時間也不知怎麼回答，朋友的問題沒有問錯，但我也搞不懂這兩件事為什麼在我身上都可以做？是不是有什麼地方自己沒有看清楚？這個問題就這樣緊緊跟著我將近一年的時間。紀錄片工作者通常需要具備浪漫、批判、理想性強的人格特質，而從事金融業者一般給人的印象則是理性、數字至上、不被情感左右；怎麼看，這兩者也不像可以被放進同一個靈魂容器。

串連一切的關鍵字：媒介

突然，一年後的某天我想通了，原來紀錄片教學與兒童金融理財教育對我來說，非以字面上或是世俗上的傳統認知，這兩者的背後其實有一個很重要的共通點，那就是「媒介」；媒介是一種載體，承載不同的意義，媒介也是一種介質，鏈結著不同屬性的兩者。媒介是中性的，本身並不帶有任何價值判斷，其意義是使用者所賦予的。

無論是影像，抑或是金錢，都符合上述「媒介」的特性。紀錄片必須透過影像與聲音傳遞觀點，承載作者的意念；金錢則是人與人之間的交換工具，透過市場機制形成對價關係，每個交易的背後一定有一個足夠的動機。

紀錄片教學主要目的之一，就是認識、閱讀，再進而創造媒體，在科技與媒體資訊爆炸的世代，使用不同載具閱聽媒體早已如呼吸般自然，限制閱聽媒體絕非正確的手段，更重要的是要讓孩子理解何為優質媒體，選擇對自己有益的節目，甚而親手產出具獨立思考力的影像作品。若能體悟媒體本身就是一種傳遞訊息的介質與工具，就能大大降低被其制約與沉迷其中的機會。

再來看錢的特性，是一種交易的媒介、計量的單位，及儲存價值的工具。當我想要執行一個談「錢」的計畫時，核心的思考就是「選擇」，以金錢作為媒介的選擇該如何妥善的規劃，並落實於學生的生活中，提供足夠的選擇機會，透過反覆且持續的價格與價值間抉擇，逐步積累出相對成熟的觀念。

想通這層關係後，觀點輪廓開始清晰，原本晦暗不明的方向也逐漸確定；原來，從頭到尾我都是同一個人，以同一套教育理念論述並執行。

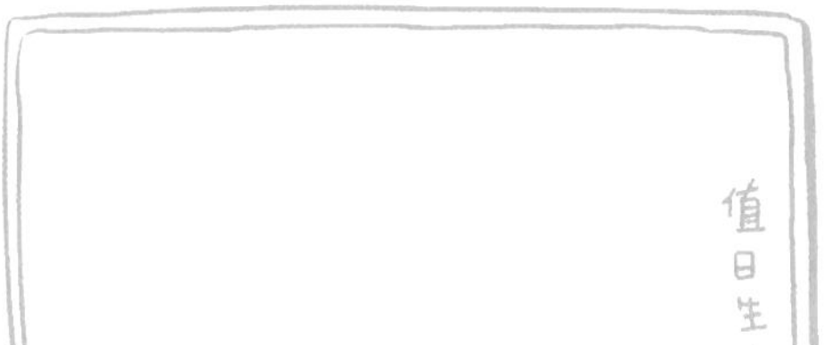

1-2 獲獎背後的意義與價值

雜學校、未來教育台灣一百、教育部傑出學務人員

三年間，從無到有的過程中，有幾個比較重要的參展經驗與獲獎獎項對我影響很大，分別是：二〇一七年獲選參展「雜學校」、二〇一七年「未來教育台灣一百」、二〇一八年教育部友善校園傑出學務人員等。

雜學校初試啼聲，贏得共鳴

能夠參與一年一度的「雜學校」教育盛事，實際到場與觀眾互動，面對面接觸這群想要為台灣教育做些改變以及願意嘗試的人們，有一

種很特別的感覺。

雜學校身為台灣匯集民間最有創意的教育策展品牌，每年總是吸引成千上萬的民眾到場，為期三天的活動，從早到晚不間斷的人潮，活動結束後，一同顧攤的夥伴每個人的喉嚨都不是自己的了。好多來賓的回饋是「我覺得體制內的學校終於值得期待了」、「原來體制內也可以做這樣」、「應該很辛苦吧……」

這項活動的攤位曝光，除了讓更多人知道文林銀行之外，讓我非常驚訝的是，文林銀行這個概念不僅吸引教育圈的人，同時吸引許多新創團隊以及一般青少年的目光，更讓家有小孩的父母產生共鳴，我想，致力「營造教育現場找不到的真實體驗」這件事，觸及所有人的內心。

具體呈現一〇八課綱，受「未來教育台灣一百」肯定

每年遠見．天下文化教育基金會會選出台灣一百個最有特色的教育方案，二〇一七年文林國小不僅以「文林銀行」一案獲獎，還是一百個得獎團隊中，唯六個受邀在頒獎典禮暨教育論壇上台分享的團隊。

演講的其中一段提到，這份肯定對我們來說很重要，讓我們更加相信一直以來堅持的方向與價值是正確的。文林銀行具體呈現一〇八課綱強調的素養導向教育方式，提供一個開放與彈性的平台，讓許多可能發生。

友善校園全新渠道，獲體制內學務工作殊榮

獲得「一〇七年教育部友善校園獎——傑出學務人員」獎項，對

未來教育
TAIWAN 100
【未來教育 臺灣100】徵選活動
2017
新北文林國小
專案名稱 / 文林銀行
榮獲【未來教育 臺灣100】殊榮
特頒此狀，以茲表揚。
遠見·天下文化教育基金會 董事長
主辦單位：
中華民國 106 年 12 月 14 日

上：2017 年文林銀行參展雜學校。
右下：文林銀行獲得 2017 年未來教育台灣 100 徵選活動。
左下：受邀參加 2017 年未來教育台灣 100 贈獎典禮短講分享。

我來說，是一個積累了三年耕耘的註解，也是獲得體制內肯定的證明。

這份送審資料，從一開始參加市級評選時，就很清楚的以文林銀行拉出整份資料的主軸線，我的目的非常明確，就是希望能夠透過有別於以往對友善校園的定義與操作，提出一些不同的觀點。沒想到在市級評選時，受到評審的青睞，獲得薦送教育部的機會，將我的理念，透過文件與全國優秀學務人員一同角逐這個「學務人員的大獎」。

得獎固然高興，但最令我感動的是，我的理念已經被評審認同——友善校園不是只有搖旗吶喊、張貼標語，做做小文宣就算數的，我們需要想出一種渠道，可以把拿捏分寸、明辨是非、趨吉避凶、行善助人等普世價值深植學子心中。

獲獎意義：教會孩子體認「錢」的理念被認同

在我個人的想法裡，一個人具備良好的金錢觀與理財觀，比他會讀書來得重要。孩子長大後可能會擔任社會中不同的職業，但不管是小職員還是大老闆，其共通點是，每個人一輩子都必須和錢相處，只是我們的學校似乎沒有讓孩子體認到什麼是錢。當我們迴避談錢，孩子就永遠學不會，當我們不讓孩子去做金錢上的選擇，他就無法真正的體認「錢」。

我們選擇透過「錢」來作為媒介、作為手段，並賦予這個「假錢」有真的「貨幣信心」，建立一個模擬社會，讓孩子在其中展現自由意志。過程中，我們必須要承認幾件事：「孩子是會犯錯的」、「錢有可能是浪費掉的」、「人是會有私心的」、「地下經濟是確實存在的」；

但是，我必須同時強調，正因為出現了這些真實面，當孩子開始透過助人進行捐獻時，我們亦須承認「這是真的」一種發自內心的真誠與單純想助人的心，踏實的體會著「助人為快樂之本」這麼單純的概念。

當我們迴避談錢，孩子就永遠學不會，當我們不讓孩子去做金錢上的選擇，他就無法真正的體認「錢」。

2

為什麼我們要在校園實施金錢教育？

2-1 校園理財實境，讓孩子立於不敗之地

「您的孩子懂得怎麼用錢嗎？」為人父母的您，如果就此一課題誠懇深刻的捫心自問，得到的答案可能是不確定的。

「錢」，為何物？在孩子自己真正開始賺錢之前，有沒有可能助其建立正確的認識？

有句話是這麼說的，「錢是汗水的報償，智慧的結晶，能力的證明，它是一種尊嚴，更是一種肯定」，您認同嗎？

理財，是現代社會不可或缺的重要能力之一，可惜在目前的學校

課程中，孩子們無法學得正確且良好的金錢觀念與使用方法。但如果認為銅臭味很下流，孩子們或許就只能在出了社會，跌跤了、困窘了、繳了一大筆學費之後，才能學到深刻的理財觀念；一定要花上白花花的銀子、刻骨銘心，才能學會寶貴的經驗嗎？

教會孩子成為金錢的主人，才能成為自己人生的主人

人生的旅途中除了追夢之外，有很大的一環是必須賺錢、儲蓄，以及消費，金錢可以養活自己與家人，可以過上理想的生活、得到富足感；所有的夢想，都需要經濟的支柱才有辦法實現，而良好的理財觀念是實現

夢想的底蘊，追夢的過程才能不受制於五斗米而被迫放棄。

太多人出了社會後，因為經濟的緣故，必須從事自己不喜歡的工作，過著自己不想要的生活，這樣的人生充滿著遺憾。而這一切都可以透過教育來改善，讓學子們在求學的階段，除了學習課本內的知識之外，還能學習並親身體會金錢與自己的關係。

二〇一五年，我們在新北市文林國小建構一個貼近真實社會金融運作的環境，在當時，國內尚未有如此大型的金融理財教育機制在校園內實施。透過重新改造既有校園獎勵制度，將校園視為經濟體的概念，讓學生在這樣的環境中嘗試操作賺錢與花錢——第一次對金錢有主控權，在儲蓄與消費的循環中拿捏需要與想要、衡量價格與價值、建立消費前的思考脈絡，逐步形塑正確的金錢觀。

我們甚至懷抱著一個夢想，如果全台灣的學校都能夠建置讓學生實際體驗的金融環境，在真正賺錢之前，使小朋友具備管理資產的基礎認知，那麼，這個世代的孩子未來將立於不敗之地。

2-2 為什麼我們不習慣與孩子談錢？

文林銀行的兒童理財教育目的

怕髒又想賺大錢？哪裡怪怪的？

就我的觀察，華人乃至於日韓國家，社會普遍對於金錢有共同的看法：一方面覺得錢是髒的，很多時候不願意談錢，也盡量不讓孩子觸碰，總希望孩子能在不被金錢污染的環境下平安長大；但另一方面，心願清單中，卻常常包含了「財富自由」、「我想賺大錢」等願望。咦，是不是哪裡怪怪的？

從貝殼到數位貨幣的金錢演進史

錢，是人類社會特有的工具，來自於漁獵時期即產生的「交易」行為。交易，讓社會出現有效的分工；獵人擅長打獵，漁夫擅長捕魚，透過交易，讓不同專長的人能換到彼此的努力結果。在演進的過程中，從以物易物，慢慢將交易的單位縮小到貝殼、寶石，再進化到金屬硬幣，一直到近代的紙鈔，甚至於數位貨幣。

整個演進代表著人類可以交易的對象與價值愈來愈多，以前只能把捕來的魚，跟隔壁村換打到的兔子，現在則甚至可以透過數位貨幣，交易地球另一邊刊登在網路上的任何商品，金錢本身也變成了投資市場裡的一種商品。無論從整個金錢的供給與交易的複雜性，都呈現爆炸式成長。

從以物易物被發明的那一刻起，人類就離不開金錢，在我們的潛意識裡，總希望如果有一天擁有無限多可支配的金錢，不知道該有多好啊！

預防勝於治療！給孩子的財務培訓

有趣的是，金錢緊貼人類的演進史，堆疊出龐大複雜的結構，但卻沒有寫入我們的基因。賺錢與花錢不是我們的本能，讀書也不是，人們因此發明了教育，將人類演進過程中有價值的知識技能透過教育寫入人腦中，讓我們有能力在社會上立足，可是，有關金錢的課程在教育系統中卻非常稀少，也缺乏長時間練習。

小時候爸媽常說：「不需要去煩惱錢，錢我們來想辦法。」希望我們活在不被污染的安全環境下，好好長大。這樣的愛毋庸置疑也十分合理，總希望後代能夠活得比我們更好是生物的本能。但這一切思考背後的基礎，似乎都存在對錢太多負面看法，可能也反映出大人自己對錢也不夠熟悉，擔心會不會教錯？萬一讓孩子接觸錢，變得凡事斤斤計較，那豈不更可怕？但若我們不談，孩子是不是在出社會後就自動學會了呢？

答案是否定的，你我何嘗不是出社會賺了錢後，經歷無數的碰撞與虧損，才慢慢理解「錢的模樣」。若能在學校提前教導，讓孩子出社會之前學習、理解：錢怎麼來？該怎麼去？如何控制這個中性的介質，或是在進行消費之前能夠有清楚的判斷與論述，等到真正出社會後，這些寶貴的經驗就不需要透過白花花的鈔票學到，社會也能無形中省下鉅額的成本。

若能讓孩子在出社會之前學習、理解錢怎麼來？該怎麼花？等到真正出社會後，這些寶貴的經驗就不需要透過白花花的鈔票學到，社會也能省下鉅額的成本。

2-3 文林銀行的理論基礎
從總量管制、人均所得，與對價基準點設計框架

傳統獎勵制度不論是集點卡、徽章、印章、爬格子等，背後的思維是期待學生能盡量發揮優良的表現，一般來說並不會預設發行的數量，絕對沒有學校因為集點卡數量不夠，而限制學生的行為發展。所以，此前這類制度的設計概念，屬於往上疊加，不設定天花板，通常也會設定一套發放標準，方便老師能據以執行。

設計的起點：兼具刺激良好行為與模擬真實世界

文林銀行既然是以經濟體作為出發點，就需要從經濟的思維出發

進行設計，不僅要刺激良好行為發生的目的，也要能模擬真實金融世界的遊戲規則。

文林幣雖由學務處製發，但實際透過學生行為發出文林幣的是眾多的老師們。每個班級內部就像地方自治政府，擁有對班級發展的主導權；也就是說，如果希望老師們願意使用文林幣，就必須讓發放標準自由的定義，我扮演中央政府的角色就好，讓文林幣在每個老師手上發揮被賦予的價值。

既然文林幣被定義為「校內可自由運用的資產」，就必須考量文林幣的供給數量。在正常的情況下，文林幣必須穩定的供給到班級，才能讓商店的兌換品供需穩定，不至於出現大家手上一堆文林幣卻無商品可兌換，或是架上商品乏人問津，原因是收入不足買不起，這都會減損大家對於文林幣的「貨幣信心」。

總量管制，妥善運用有限資源

設定文林幣「總量管制」的框架——意思是，以每位班級老師每一學期都能獲得總額為一萬元的文林幣為原則，不多也不少，若有較為特殊的課程樣態，則依「觸及學生時間多寡」調整

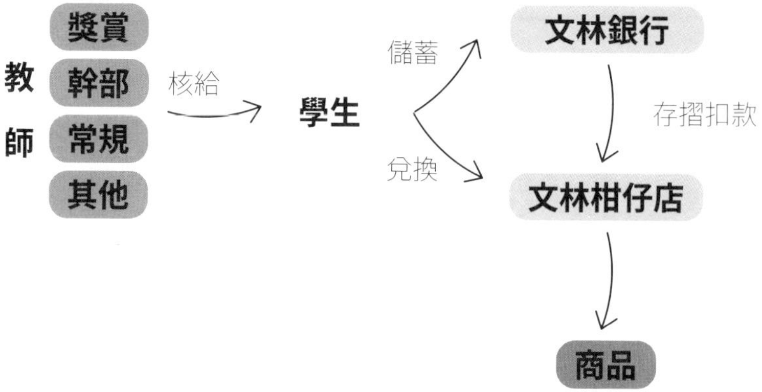

文林幣的運作方式。

面額。例如，行政人員的課務較少，每學期能獲得的總額自然就會較低，或是指導社團的老師，可能只有固定時間上課，發放額度也會進行調整。

每兩個學期，也就是一學年，搭配防偽機制更新紙鈔的時機，班級老師手上未用罄的文林幣也會跟著失效，收回國庫進行封存與銷毀。新學年發放新版文林幣，以確保每個學生得到文林幣的機會是相對公平的，也避免老師學期末發現不慎留太多，乾脆帶到下一個新的班級使用，容易造成班級經營起點不公平的狀況。也就是說，文林幣並不是無限制往上疊加的設計，而是如何妥善運用有限資源的思考。

人均所得，評估學生的重要參考

確保了貨幣供給的問題，只是框架的一部分，更重要的是，學生努力獲得的資產能換到什麼才是合理的？透過總量管制，確保文林幣穩定供給到班級中，我們就可以計算出，平均一位學生一個月可以獲得一百元文林幣，這就是所謂的「人均所得」。

這「人均所得」，也是老師評估學生的參考依據之一。若學生每個月的所得遠低於這個數字，可以從存摺流水帳顯現的歷程以及備註欄中的文字摘要探究其原因，是表現不佳？還是找不到適合的發展？若每月收入高於一百元

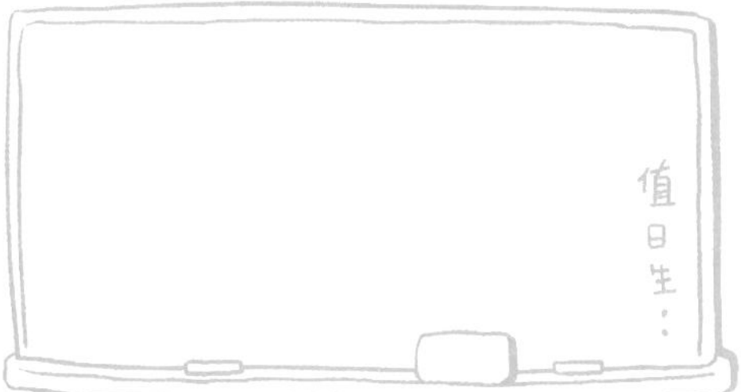

文林幣，同樣可以由這位學生收入的來源與額度，判斷可能是各方面都優異的小達人，或可能是願意付出勞力、勤奮踏實的孩子。

對價基準，匯率的浮動率投射學校期待

而這一百元文林幣能夠換到「什麼」？是很重要的對價基準點。學生會想：我努力工作一個月，能不能換到想要的「東西」？這個東西必須符合多數人的想望。

透過對價基準的設定，與新台幣轉換匯率大約設定在一：十的上下；舉個例，購買一支筆，新台幣的價格是十元，對價到文林幣的時候就會是一百元，平均來說，學生每個月如果都能夠因為各種良好表現的累積，獲得一支筆是合理的。

但也不是所有的商品都會按照一：十換算，我稱之為匯率的浮動率，浮動率是調控「文林柑仔店」物價的工具之一，可以改變商品在真實市場上的價格對價到文林柑仔店的價格，進而投射出學校對學生的期待。比如，學校希望學生多多購買書籍，所以一本市價新台幣三百元的書籍，我們就會以一：一的匯率，換算成三百元文林幣，也就是說，原本需要用三千元文林幣才能購買的書籍，現在只需要三百元文林幣即可買到，等於是打一折的概念。只要在校正常努力程度的學生，每學期都可以買將近兩本書。另一個角度，學校不希望學生吃太多零食，但零食又是學生很重要的努力目標，我們就會把一部分含糖量比較高的零食，以一：十五的匯率換算，提高那些零食的文林幣售價，拉高學生取得的成本，進而抑制購買的數量與意願。

分權概念，增加老師的參與意願

我期待文林銀行展現出來的面貌應該是百花齊放的多元價值，不僅學生能找到努力的目標，也期待老師用得順手，所以整個制度的初始設定就排除單一遊戲規則，採取「中央地方分權制」的概念共享權力。中央端的學務處制定基本的制度架構、文林幣發行規則等，而教師被視為地方端，以地方自治的概念規劃屬於自己班級的遊戲規則。

分權制最大的好處是增加老師的參與意願，因為老師並不需要為了加入計畫而大幅調整班級經營策略，若原本班級經營已經正常運作，就只要把原本的印章或貼紙，置換成文林幣即可。

換言之，在這個系統中，相同的部分是每個班級可以獲得的文林幣總量，但發放的標準與額度則各異。從參與老師提供的「班級經營規劃書」中，看到老師對於班級會投射自己的期待，也因每位老師性格的不同，產生相異的班級經營策略。

就像在不同班級，即便擔任同樣名為「班長」的職務，所獲取的「薪水」，卻可能會因為工作職掌的差異有所不同，有的班長每月領得五十元文林幣，但有的班長則可能領到八十元文林幣。又好比低年級的學生，可能每天有乖乖睡覺就可以獲取獎勵，但高年級的學生，就需要參與公共事務才能賺到錢，諸如此類的多元樣態。

四大框架，讓遊戲除了好玩更維持平衡

透過文林幣供給的總量管制，進而推測出合理的人均所得，在班級以分權概念實施，以及商店端對價基準點物品的設定，這四個大框架讓文林幣在起步之初有所依憑——貨幣流入的速度與數量可被預期，商店提供的交易商品也參照對價基準點設定文林幣價格，人均所得的數字也被老師所理解，並發展適合的班級經營策略。

這樣的框架設計，讓「文林銀行」這個超大的大富翁遊戲藉由機制，維持在「平衡」狀態。

> 文林銀行以經濟體作為出發點，需要從經濟的思維出發進行設計，要能模擬真實金融世界的遊戲規則。

2-4 建構一個微型經濟體
文林銀行的經濟模式與理念

該如何規劃一個「發錢」的計畫？這是計畫之初讓我最苦惱的地方，但透過老師的回饋、學生與家長的需求，以及專家的諮詢，我開始摸索出一個清晰的輪廓。

人人都愛遊戲，從模擬經濟體出發

無論大人小孩，基本上都是喜歡遊戲的，如果一個計畫能透過遊戲化思維進行設計，讓每位參與者自由選擇，找到自己喜歡的目標，就能擁有足夠的動機爭取獎勵，應該會滿有趣的。

若以一個發錢的獎勵制度來說，建構一個模擬經濟體的模樣，提供各種不同的工作或任務，讓學生在校園裡體會賺錢與花錢，獲得累積的成功，當然，也得為失敗付出代價。

什麼東西都要能被看到與摸到

「觸感」對於國小階段的孩子很重要，他們大多處於皮亞傑認知發展論的具體運思期，也就是對具體存在的事物進行合乎邏輯的思考，眼見才能為憑。實體文林幣對學生來說，就像答對題目得到的小獎品一樣吸引人，並不全然是這張文林幣背後的價值，而是代表「完成任務」的具體獎勵品；即便是大人，對於眼睛看得到、手能摸得到的事物，總是會多一些踏實感。

根據這樣的假設開始建構，文林銀行這個經濟體所具備的基本輪廓，包含：實體代幣、存摺、成立銀行部門、商店部門等。參與其中的學生，手上會有一本存摺，裡面記載著每一筆存入與支出，老師也可透過存摺備註欄位在系統註記該筆存款的摘要，學生在商店的支出品項也會被記載於存摺中，累積下來，就是一個完整的歷程，這本存摺能透露出的訊息超乎想像。

與總體經濟理論不謀而合

整個計畫之初，純粹從遊戲的角度出發與規劃，目的就是為了擬真、好玩，讓學生覺得有趣是一切的前提。開始運作之後，我無意間接觸了總體經濟學的入門書，才發現原來當初有一些規劃，竟然與總體經濟的理論不謀而合。總體經濟學的原文本意是「大十經濟學」，意思是從很高的視角看待經濟；就是從國家的人民收入狀況，探討整個經濟體的總合行為，包含了物價、利率、成長趨勢等等，又稱「所得理論」。

總體經濟與我在文林銀行的角色有很大的相同之處，都是以照看全局的角度觀測運作狀況。比如說，我需要常常關注：學生是不是都有穩定的收入？柑仔店貨架上的商品哪些賣得最好？學生在不同月份的收入與支出有沒有趨勢的變化？老師們的額度是否穩定減少（穩定發放就會穩定減少）？等等的數據與趨勢。

舉個有趣的例子，從總體經濟的角度來看，經濟體通常會有三個角色，分別為政府、央行、市場，它們站在彼此的對面，相互連動卻也相互制衡；政府制定政策、央行管理貨幣流通、市場提供交易。但在文林銀行中，這三個角色都集中在我身上，雖然不像實際的國家那般龐大複雜，但也常常需要做相互衝突的決定，希望大家都有錢，卻不能隨意增加貨幣流入市場的數量；希望大家都買得起柑仔店的商品，卻不能因此任意調降價格。

計畫成敗在「貨幣信心」

「如何維持貨幣信心？」是文林銀行，乃至於所有獎勵機制都必須嚴肅面對的課題。什麼是貨幣信心？對學生來說，就是：「我想不想要你發的代幣／點數？這些能拿來幹嘛？」

換句話說，貨幣信心是關係著整個計畫成敗的隱形力量：文林幣有沒有順利的從央行被老師提領？老師有沒有按照計畫合理的發下？學生願不願意為了爭取文林幣而展現良好的行為？賺取的文林幣有沒有存回文林銀行？柑仔店的商品有沒有被大部分學生喜愛？這些，是文林幣合理的流動方向，如果把它想像成河流，我希望這條河充沛且穩定的流經每一座城市，滋養每個人之後再又流回大海，形成良好的經濟循環。貨幣信心在循環系統中被建立，制度才能走得長久。

確保自由意志的發生，把握選擇的機會

「不過度干涉學生的選擇」是我認為相當重要的背景設定，有選擇的自由才有真實的感覺，有真實的感覺才能創造經驗。學生與大人一樣，透過消費的行為，達到個人欲望的滿足，但消費與否牽涉到很複雜的決策歷程——消費者會根據自己的喜好、家庭的背景、朋友同

儕，或是當時社會環境的流行話題等等，最重要的還是依自己的所得能力與存款餘額來決定消費模式。

我希望透過文林銀行的每次消費機會，這些決策歷程都能在孩子的腦裡跑過一遍，不管是否後悔自己的決策，永遠都有下一次的選擇機會，也就是所謂的「無限賽局」概念，人生不會因為選錯一次就全盤皆輸，失敗了沒關係，能不能把握下一次的選擇才是重點。

我心目中的文林銀行

綜合上述的架構，我設計了一個「接近真實貨幣樣態但有其使用限制」的代幣系統。

從教育的觀點，我希望孩子能夠體驗真實金錢的部分功能，讓文林幣成為校內有價值的資產證明，透過自由意志進行交易。具體來說，我想透過「機制」傳達教育理念，而這個理念就是「自由」；我認為，無論是教導金錢或是理財，除了知識，最重要的是「有沒有足夠的自由練習機會？」在自由意志的背後，同時增加「責任的承擔」，也就是「錢是自己賺來的，花了就會變少」的簡單概念。

> 人生不會因為選錯一次就全盤皆輸，失敗了沒關係，能不能把握下一次的選擇才是重點。

2-5 「文林幣」是獎勵，也是教育孩子理財的最直接方法

幾乎所有的學校，乃至於許多組織企業，都存在獎勵制度，只是型態各有不同。既然如此，文林幣與其他獎勵制度一樣嗎？差別在哪裡呢？

增強理論，協助轉移外在動機至內在動機

文林幣在教育理論脈絡中，屬於增強理論（reinforcement theory）中的次級增強物（secondary reinforcer）。在定義上，次級增強物本身並無法滿足人的生理需求，必須連結到某一個增強物才能起到作用，

類似屬性的次級增強物為：金錢、點數、鼓勵、擁抱、讚美、機會等等。次級增強物可再細分出社會、活動、代幣增強物，文林幣屬於典型的代幣增強物。

有趣的是，從文獻記載看來，次級增強物通常只適用於人類，幾乎無法使用於人類以外的動物訓練，主要原因是地球上只有人類能進行抽象思考，想像虛構的事物。比如說我們會和孩子們約定「如果你完成了……我就給你……」，透過這類話語進行激勵，嘗試建立外在動機，幫助孩子達成目標，這是在教學上常見的方式。身為教育工作者，很重要的任務是協助孩子將外在動機轉移至內在動機，如果轉移成功，有趣的就不再是外在動機的次級增強物，而是學習本身，這是一個很高的境界，也是教育工作者本身的內在動機。

現實上，學生們對於在校的課程，不太可能全都發自內在動機，也許真的存在對國語、數學、社會、自然、美術、音樂、體育等學科天生熱情的學生，卻是極端的少數，更多的是需要外在刺激進行學習的學生，也就是利用次級增強物輔助學習過程，期待學生們在某個時間點，能尋獲內在動機的那把鑰匙。

文林幣在本質上，等同於集點徽章或是榮譽卡等代幣增強物，都是透過外在刺激達到促進學習的工具，且次級增強物仍普遍存在學校中。但戲法人人會變，巧妙各有不同，如何因時因地制宜，設計貼近人心且有效的次級增強物才是重點。

為何是文林「幣」？而不是文林「點數」或「榮譽卡」？

人類社會中那麼多的次級增強物類別，最大公約數應該還是錢吧！換句話說，錢或許不是最佳的次級增強物，但我想，無可否認錢的功能還是滿大的，造成的社會問題也遠遠超過其他次級增強物。既然錢在人類歷史上無法立刻被取代，就應該透過教育的方式，教導如何正確看待與使用。

文林幣與其他代幣增強物的差別在於，我們將它設計成更接近真實貨幣的流通狀態，讓學生在獲取文林幣的過程中有實際賺錢的感覺，使用文林幣的過程有真正花錢的感覺；就像前面所說，人類具備想像虛構的能力，而透過練習使用文林幣，可掌握未來真實貨幣的運用能力。

該如何看待文林幣？全憑使用者的規劃

該如何看待教師給予學生的文林幣？到底是薪水？報酬？獎勵？責任？這個答案，存在於使用者的規劃中。正如同真實世界的法定貨幣，我們獲取錢的管道很多，名目與原因都不盡相同：每個月因受僱公司依契約給予的叫做薪水，表現傑出公司給的叫做績效獎金，路邊撿到的錢據為己有叫做不義之財，結婚接收到的紅包叫做祝福等等，錢會因為來源不同而產生不同意義。

若我們將錢的各種樣貌皆視為教育，其意義會來自於獲取錢的整個過程。以文林銀行的行員為例，這是一份非常繁瑣的工作，這份薪水的意義是每天耐煩且細心的處理每位存戶心血的肯定，同時也是建立自我驅策的動力，我常常會提醒他們：「主任每個月付出這麼多薪水，你們要能對得起這份工作！」雖然是句玩笑話，卻是將錢與責任鏈結的具體呈現。

> 錢會因為來源不同而產生不同意義。若我們將錢的各種樣貌皆視為教育，其意義會來自於獲取錢的整個過程。

3

一路上困難重重，遭遇各種反對和質疑的聲音

3-1 老師，是組織中的重要夥伴

一個談錢的計畫，要在全校班級數六十班的大型學校落實絕非易事。想當時，所有的架構都還在腦中尚未具體化，連自己都不知道能不能成功，遑論聽得一頭霧水完全不知道你想幹嘛的近百位老師們。記得當年我在會議上報告此事，語畢，台下一片靜悄悄充滿尷尬的氣氛，的確滿氣餒的……

從「關你什麼事」，到「關我什麼事」

說服他人、取得支持，從來都不是容易的事，即使覺得你的理念很棒，但被你說服，願意支持並同行的人絕不會是多數，更別說，願意在什麼實質成果都沒有的草創階段就支持你的人，那可真是難能可貴極少數人。這很正常，每個人理解事物的角度都不同，我覺得很棒的，對你卻不一定有吸引力，除非，我能提出證明這件事「關你什麼事」，而你也理解「關我什麼事」，才會從排斥轉而接受，再從接受轉而認同，再從認同轉而投入，這個過程需要時間耐心等待。

對於原本就非常忙碌的班級導師來說，每天埋首於課程教學、處理學生大大小小的事務就已幾乎佔據了所有的上班時間，因此在最早的晤談時，曾有老師直接跟我說：「我每天改作業都沒時間上廁所了，你覺得我會有時間弄這個嗎？」或是「我覺得你的想法很好，能不能請你直接弄一套ＳＯＰ，我們照做配合？」

任何一項新業務，對第一線老師都是新的負擔，所以光靠理念很難打動人，得要有「牛肉」的加持，以「現實」的條件實現「理想」。

牛肉在哪裡？

初步觀察，導師為了管理班級，幾乎都在自己的班上建立自有獎勵制度，依據這個制度運作班級。而獎勵制度的現實面，就是導師得甚至要自掏腰包採購獎勵品提供學生兌換，或是以不同形式兌換福利或免除勞務痛苦等等，可謂五花八門。而採購的頻率與金額大約落在每學期花費新台幣兩千元不等，對導師來說是一筆支出，但聊到老師們自己的獎勵措施時，從眼神散發自信的光芒中可看出，老師們對於自己的班級經營策略是有信心的。

我設計的第一盤牛肉就是——參加文林銀行計畫的老師，從此以後不需要再煩惱要花多少錢，或是到底要採購哪些獎品？這些都將由文林柑仔店規劃提供。老師只要幫我發「文林幣」就好，實際上減輕老師的負擔。

看到這裡，你可能會出現疑問「原本由導師自己採購獎品，現在換成學校來採購，那錢要從哪裡來？」其實這是一個資源整合的問題。一方面，整合校內資源，包含各項專案計畫的獎勵品雜支、家長會經費、可用於學生的相關校務基金等，都可以作為文林柑仔店商品的挹注來源；

另一方面，尋找外部經費的補助，包含向企業尋求經費支援、個人或公司捐助學校時，也可建議捐款用途包含文林柑仔店的運作等等。文林銀行草創的三年間，即受到在地企業中國砂輪股份有限公司的長期經費支持，以及許多不願具名的個人贊助，都是很好的例子。

文林銀行未來美好風景，預防性輔導的理想

教育現場實施「三級輔導」多年，所謂三級是將輔導個案依據評估狀況區分：第一級的發展性輔導（一般學生）、第二級的介入性輔導（適應困難學生）、第三級的處遇性輔導（偏差行為學生）。身為班級導師皆負有一級輔導之責，也就是所謂的初級輔導，或稱發展性輔導，主要目的是透過班級經營、問題發覺、預防性活動等，針對大部分學生與適應困難學生進行一般性輔導；白話的意思是，導師如果

能夠照顧好自己的班級，就能穩定班上大部分學生，讓真正有需要的學生，向上至二級甚至三級接受更專業的輔導資源。

我心目中美好的文林銀行未來風景，就是學生的需求都能被老師們接住，每個學生皆能針對自己需要面對的課題安排專屬目標，以穩定的步伐前進。過程中，每個學生學著承擔責任，並獲得可支配的資產，在一次次的消費中學習如何恰當的支配，也就是俗稱的「安居樂業」，我相信這也是大部分人的共同理想。

篳路藍縷的草創過程

「創新是要付出代價的，沒有人有義務支持你的創新，除非他也身在其中。」

計畫的第一年，我先以小規模的方式試辦，邀請來自不同年級、年齡、性別、個性的老師組成異質性團隊，建立種子教師群，定期開會發布訊息也檢討過程，確認總量管制、人均所得、對價基準點等大型框架的共識與實施狀況之外，也討論系統平台上虛擬文林幣的操作，以及各種實體文林幣的存提款作業流程等。

討論時常常會出現一些有趣的對話：「你們班怎麼發錢的？我覺得你這個措施不錯，我也可以拿來參考看看。」「我們班第一週發錢的時候超級興奮，他們根本還不知道文林幣可以怎麼使用，因為柑仔店根本還沒開張啊！」「主任，這個轉帳系統很難用耶！我們班有二十八個學生，我每次轉帳都要轉二十八次，很累，有沒有快一點的方式可以一次處理？」種子老師們就像一面面鏡子，反映著執行過程中各種問題，不管是抱怨還是勉予同意，對我來說都是極為珍貴的資訊。

「文林銀行能否一體適用不同班級與教學型態？」是我在種子老師間重要的觀察指標。

文林銀行希望傳遞的價值：「尊重」與「選擇」

在我任內的三年間，始終秉持著開放的角度讓老師自由申請與退出，文林銀行計畫背後希望傳遞的價值是「尊重」與「選擇」，這個價值不僅適用學生，也適用老師。

第一年試辦結束時，極少數老師選擇回到自己的班級經營，但在第二年全面開放申請後，申請人數大幅上升，總實施班級最高來到八成左右。即使如此，我仍尊重剩下二成不申請的班級，這是自由民主社會的常態，承認並理解多元，包容不同的聲音，但，該走的路還是要持續穩定的往前進。

每個學生學著承擔責任，並獲得可支配的資產，在一次次的消費中學習如何恰當的支配。

3-2 家長，是決定計畫成敗的關鍵支持者

家長與學校是密不可分的夥伴關係，學校也設有家長會組織，共同經營學校的運作，在文林銀行這個計畫議題上，我們也是經歷過一番激烈的討論，彼此才逐漸互相理解。

有期望有擔憂，引發家長正反意見

文林銀行試辦初期，隨著種子教師在班上的推動，有些學生回家開始與父母提及「我們班最近開始發錢喔！只要表現好就可以得到呢！」「錢可以在學校買吃的耶！也有筆記本可以買！」部分家長聽了孩子的描述，開始接觸這個計畫的內容，也有一部分家長心中出現

了問號。

「這樣給學生錢，好嗎？」「我的孩子在學校不是應該好好讀書嗎？弄這些會不會太早了，他連算術都還不太會……」「在學校掃地可以給錢，那在家我要他做家事要不要也給錢？」這樣的聲音開始在家長群組間出現，背後浮現著家長對於這樣的金融教育教學方式有著深層的擔心。

家長間也有另一種聲音，正向看待這樣的計畫。「我覺得學校推這個很好啊！這樣孩子就知道我們大人賺錢的辛苦，希望可以學到珍惜。」「小孩跟我講這個事情的時候，眉飛色舞的，好像對於賺錢這件事非常有興趣，以前集榮譽卡好像沒什麼感覺，我想如果他在乎，應該就會更認真學習吧！」

正反觀點都出現了！在家長間意外引起一番討論。一方面有些家長擔心，孩子會不會因此變得很勢利、唯利是圖，卻也有家長看到了孩子在學習上，因此更積極的正向改變。

那一夜，衝突爆發

校長深知家長間的疑慮，積極透過各種場合說明，試圖讓更多家長理解學校進行金融理財教育的目的，同時也希望說服家長會在理念與財務上的支持，校長特別安排議程，請我在家長會的會議上與家長委員面對面交流對話。為此我熬夜好幾天，精心製作圖文並茂的簡報，反覆練習，期待在最短的時間，能最有效的讓委員們理解。

永遠記得那一天晚上，當我開始簡報到第二張時，就被一位委員舉手打斷：「我們今天不是來聽你演講的，我們想要知道的是文林銀行到底推動得怎麼樣？你覺得推得好，那可以找老師來現場說啊！說服我們家長會支持，但沒有啊！你們根本沒有找家長會討論，直接就做了……」頓時，空氣瞬間凝結，會議室所有人都彷彿進入慢動作，當我還在思考如何回應時，第二位委員接著說：「我聽說文林銀行發錢，學生表現好可以拿到文林幣，老師要學生做什麼，可以拿到文林幣，我懷疑這涉及到僱傭行為，這中間是不是有違反勞基法的問題？如果違反，請問罰款誰要繳？是校長要繳？還是學務主任要繳？」說完，在我眼中，會議室所有人的動作更慢了，我知道今天的氛圍大概很難扭轉，對話應該就到此為止。

會議結束後，有幾位委員來找我：「主任，我們知道你想推文林銀行的苦心，我們幾位是支持你的，希望你能繼續堅持下去，剛剛幾位委員提出的質疑，不管出發點為何，都還是希望能夠妥善處理與回覆，加油！」

勞基法的疑慮與澄清

在家長委員提出勞基法的疑慮之前，我從來沒有想過學校的獎勵制度涉及違反勞基法的可能，因此當下無法提出任何的說法。會後，我為此做了勞動基準法的法條研究，甚至拜訪位於宜蘭的教師法律讀書會，針對學校現行推動的制度面深入討論，結論是文林銀行現行的制度上並無違反勞基法，主要原因為學校並非營利機構，文林銀行推動下的各種學生付出與獲得，乃至於消費，都是為了讓學生嘗試與理解未來社會上可能面臨的各種實務狀況，原則上屬教育的範疇，並非刻意挑戰法律制度。

那次會議上的激烈質疑後，校長跟我說：「在做一件還沒有人做過的事情時，本來就會面臨各種意想不到的挑戰與質疑，這都是很正常的，只要我們沒有違法的意圖，持續溝通，事情總會有轉機的。」同時也拜託學校的委任律師出面協助，居中協調，盡可能取得家長們的理解，讓文林銀行得以持續進行下去。我想，如果沒有校長當年的力挺與堅持，文林銀行計畫應該頂不住各方壓力草草收場了。

孩子的正面回饋，轉變了家長

從一開始的質疑，轉而觀望，逐漸理解進而支持，是許多家長的心路歷程，轉變的關鍵就是孩子的成長。

永遠記得家長跟我說：「主任，我的孩子上個月家庭旅遊的時候，突然會跟我說這東西我覺得太貴，其實我們不需要買這麼好的，這個便宜的就夠用了……他之前從來不會關心這些跟價錢有關的事物……」「我的小孩回家會跟我分享，他今天為了累積文林幣，自願承擔班上的公共事務，目的是希望趕快存夠錢，能靠自己的力量幫媽媽買生日禮物，我聽了很感動！」「前陣子的福袋活動，我們家女兒回來懊惱的說，一份福袋九十九元，明天最後一天，但我的存款只有九十八元，還不夠一元，怎麼辦，我很想買……我只能跟她說，不夠就是不夠，

差一元也是不夠，量入為出就是有多少能力做多少事，我們能做的就是累積財富，你才擁有更多選擇權！」

孩子在文林銀行的機制裡，開始體會如何賺錢與花錢。消費後，錢雖然會變成喜歡的模樣，但資產會變少，所以如何評估、拿捏，就是智慧，需要經驗慢慢的累積。這些智慧，也是身為過來人的父母親有能力傳授的，大人們從出社會後賺了第一筆錢，才算是真正擁有資產的主控權，所以當年磨練出來的評估與拿捏，剛好可以分享給孩子解決他現在的困境，或是同理孩子的處境。

最有力的後盾

經過一段時間的對話，家長會對於文林銀行的推動開始轉而支持，而且是實質的鼎力襄助；不僅設置專案小組討論，也擔任大小活動的幕前與幕後工作人員，成為文林銀行最有力的後盾。

曾有委員私下跟我說：「謝謝主任當時的堅持，每個家長委員出發點都是為了孩子，並沒有誰對誰錯的問題，你願意持續溝通，說服大家『你是玩真的！』才會有我們這群委員站出來幫你。加油啊，只要你在，我們無條件力挺！」

消費後，錢雖然會變成喜歡的模樣，但資產會變少，所以如何評估、拿捏，就是智慧，需要經驗慢慢的累積。

3-3 紙鈔發行與點鈔機，樣樣不可馬虎！

工欲善其事，必先利其器；要讓遊戲玩得真，總是要有好的道具吧！

在文林銀行的世界裡，鈔票是一個至關重要的角色，承載一切的道具。如何賦予它價值？除了計畫內容之外，具象化的形式以及周邊的工具，都需要由大量的細節與技術堆疊出來，讓學生一看到文林幣就產生真實感，進而願意好好的收藏。另外，經過仔細調教的機器，可以有效清點大量的文林幣，更是銀行工作人員很重要的工具。

紙鈔好設計，是這樣「想」出來的！

一開始發想文林幣的樣式時，首先考量的是尺寸。根據中央銀行的紙鈔尺寸，紙鈔面額不管大小，短邊皆為七十公釐，而長邊則從最小面額的壹佰元為一百四十五公釐起，每增加一個面額，長邊增加五公釐，所以貳佰元長邊為一百五十公釐，以此類推，至目前最大面額的貳仟元，長邊為一百六十五公釐。

但實際上，這樣的尺寸對於小學生來說其實略大了，不僅收納上較為吃力，更重要的是無法在一般A4紙上被均分，會造成太多的「損料」，增加印製成本。對於動輒幾千幾萬張的印製數量，實在是需要更有效率的規劃。

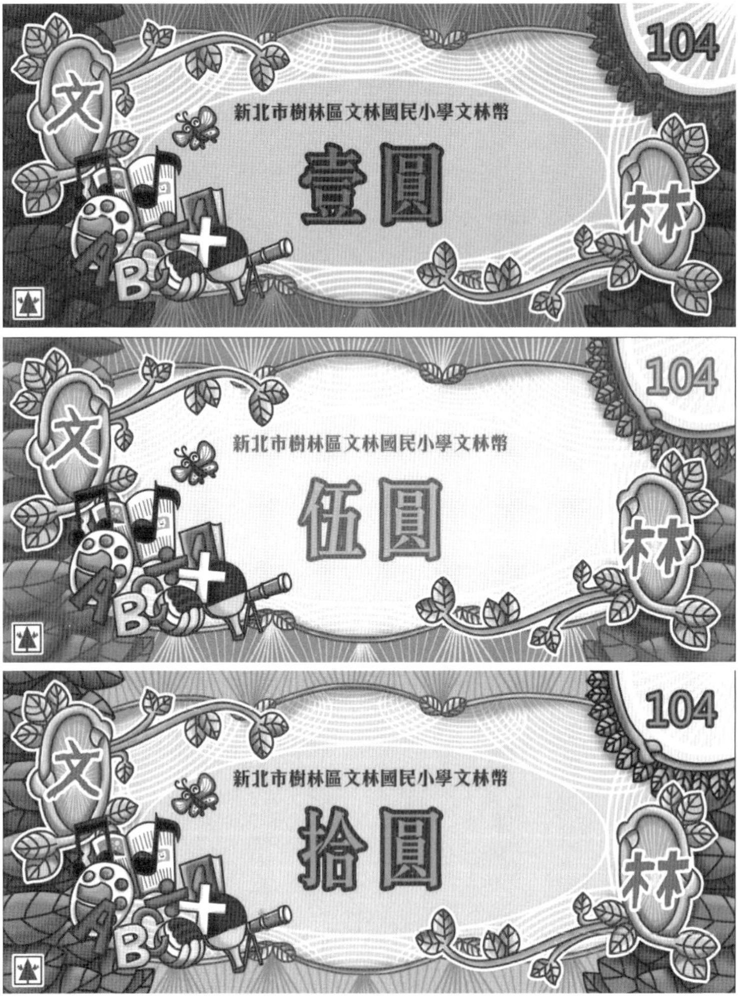

㊉ **精心設計的文林幣，有壹圓、伍圓、拾圓三種面額。**

幾經思量，最後採取最簡單的方式，將A４紙直接均分為六等分長條形，這樣不但不損料，大小也非常就手，成本並且控制在最低的預算內。

嵌入學校文化底蘊，專屬的票面意向

尺寸決定後，視覺就是下一階段的重點。紙鈔的設計應符合某些重要的元素，揉入學校特色與美感，要讓人拿到手後，會覺得與一般集點卡有明顯的區別才行。

為了達到這個重要的目的，特別與學校的美術老師仔細反覆討論，終於定調呈現的元素：以大量綠葉作為「文林」的意象，輔以學校各項特色課程與團隊元素，讓文林幣從設計內容即嵌入學校文化底蘊，增加貨幣價值之外的「厚度」，無形中加深持有人對學校的認同度。

三道防偽機制，機密技術大公開

貨幣開始量產後，必須嚴肅思考，萬一某一天，文林幣在極端狀況下，有沒有可能被大量複製，造成不可想像的嚴重問題？於是，防偽機制在初期就被納入設計中思考。當然我們沒有技術與資金，製作如同真實貨幣的防偽線、金屬箔膜等科技與技術，我們所設計出的三道防偽機制其實技術含量不高，但就一個學校規模的微型經濟體來說，偽造門檻已經算高的。結果，在我任內從未出現過任何一張偽鈔，也算是值得小小驕傲的事吧！

首先，最簡單的第一道方式，我們在每張印好的紙鈔特定區域蓋上訂製的圓戳章，這也是大部分機關作為文件憑證的作法，可以一定程度確保文件被複印的可能。但文林幣如果只有這一道防線，絕對是遠遠不夠的。

接下來的第二道防偽機制，則是每一張文林幣都是從電腦原始檔透過影印機列印出來的，換言之，每張紙鈔的圖案在放大鏡下，都是大小不一的網點；但若有人把紙鈔拿去影印，得到的圖案就不是網點，而是一片一片碳粉分布。紙鈔的原始檔就如同電影裡中央印製廠的鈔票電版，就只有一份。

最後一道防偽機制，則是透過每學年「貨幣重新發行」作為斷點；新的文林幣採取新的顏色以及幣面圖樣微調，學生在學期結束前，必須強制將沒有花完的實體文林幣存入帳戶中，以便接續新學年的貨幣價值，沒有存入的舊文林幣在新的學年就會變成「紀念幣」。

透過三重防偽機制，大大提升了製作偽鈔的門檻，也最大程度的保障了文林幣可以安全的在校內流通。

沒想到吧！點鈔機竟是成敗的關鍵

點鈔機，這個一般人可能不熟悉的機器，就算你使用過也不覺得它有什麼值得一提的，「啊就點鈔呀！不然咧？」但你知道嗎？為了這台可以點文林幣的機器，我可是折騰了整整一年呢！

當時為了可以快速的清點製作出來的文林幣，我跟總務處借了點鈔機來測試，結果發現完全無法使用，因為點鈔機有也有「防偽機制」（不是真的錢，它可是不工作的喔！）

於是，我開始上網尋找點鈔機供應商，想買一台解除防偽偵測功能的機器。但一問之下，才發現市面上大部分的機器都是陸製產品，台灣只是經銷，無法改機。直到查到台灣少數幾間自行生產點鈔機的工廠，其中一間「啟樺機械」剛好也在樹林，我撥了通電話、直奔工廠，並表明來意。業務聽了我的「特殊要求」後，其實非常懷疑，並沒有在第一時間答應，反而選擇跟我約另一天到學校拜訪。直到確認相關的需求沒有違反公司職業道德，也了解我們正在執行的文林銀行計畫，才願意著手改裝機器以符合文林幣規格。

特製點鈔機的艱辛開發歷程

好事多磨，啟樺機械公司派了一名業務經理、一名工程師，前前後後總共調整了近一年，開發到第七代的機器才趨於穩定。原因是，文林幣並不是真的錢，紙張的厚度與材質都與真鈔不同，機械內部滾輪、橡膠摩擦機構、氣壓值等等參數都需要不斷調整。

除此之外，最令工程師頭痛的是我們的鈔票製作方式——文林幣透過影印機製作，圖案都是影印機碳粉，這些碳粉會隨著點鈔機高速運轉過程中不斷掉落沾黏在滾輪結構上，細小的碳粉一旦累積，滾輪摩擦力就會改變，使得機器容易暫停點鈔，或是點鈔計數錯誤。

天作之合！非洲肯亞牌點鈔機

還記得當年有一天，業務經理抱了一台機器到學校，跟我說：「主任，這次公司特別找了一台外銷肯亞的點鈔機改裝，如果這台機器還是不穩定，我們可能無法符合貴校的需求，真的只能放棄！」聽了我滿頭黑人問號，肯亞跟我們文林幣有啥關係呢？

原來在肯亞，當地居民使用紙鈔的環境與習慣都比較艱困，紙鈔的品質不好，可能極度皺摺，或是夾雜油污與塵土等，點鈔機的結構必須因應這樣的使用環境進行特殊的設計，將原本圓形的滾輪結構改成橡膠鋸齒滾輪，讓細小的灰塵髒污不易沾黏。

果然這台機器對文林幣適應性非常良好，準確度百分百，穩定性高，故障率低，大大提升了行員們的工作效率。

耳目一新！極少人見過的有趣機器

另外，我們也採用大部分人都沒看過也沒聽說的特別機器，那是一台可以將一疊鈔票捆紮起來的紮鈔機，這種機器通常只有涉及鈔票印製的中央印製廠或銀行總行才會使用到，一般分行還不會有喔！

這台機器對我們來說超級重要——學務處就是文林銀行的中央印製廠，新學期製作新鈔票的時候，需要儲備大量印製完成的文林幣實體貨幣，提供未來一年的使用，數量非常大，而這台紮鈔機，可以將文林幣捆緊，妥善收納。每次學務處製作新鈔時，會暫時成為滿桌子鈔票的有趣畫面，經過的孩子們總投以驚嘆與羨慕的眼神，嚷著：「喔好好，這些錢如果是我的就好了！」

這些看似細微的影響，都是計畫成敗的關鍵。我想特別感謝啟樺機械公司，多年來一直默默作為計畫背後的支持者，不求曝光，也不求回報，令人非常感動。

國 小

4

銀行正式上路！看見孩子們的熱情參與

4-1 柑仔店開張了！

機制中最重要的一環，是豐富多元的消費市場

文林銀行計畫扮演「市場」其中一個角色，就是提供交易商品的「文林柑仔店」，也是文林銀行運作穩定之後，需要持續不斷投入心力的地方。

柑仔店的營運目標：成為資金的重要出口

文林柑仔店是計畫中的交易平台，從這裡觀測貨幣信心是很直接的。從我的角度來看，擴大文林柑仔店的影響力、盡可能多樣化商品的類別、擬真且良好的交易環境、持續推出有趣的活動等，都是維持

貨幣信心的策略；也就是說，柑仔店的營運目標是成為每個學生資金的出口。

在貨架上，你可以找到三元的小糖果，也找得到三千元的遙控汽車模型，在柑仔店的貨架前面，真的可以觀察到「一樣米，養百樣人」的有趣現象；可以看到有的學生從口袋掏出一疊厚厚對摺的文林幣，當著店員面前開始數出足額的紙鈔付錢，也有的學生特地幫文林幣準備專屬小錢包，不與新台幣錢包混用，還將裡頭的紙鈔分類整齊收著，付錢時只拿出剛好的數額。這些是我們看得

到的使用習慣，我們看不到的是每個學生在交易前的思考過程，但臉部表情會顯示，小腦袋裡正有許多東西被拿出來比較、評估，最後做出一個決定，這也是我最希望學生經歷的部分。

辦特別的活動，創造不同族群的需求

除了常備的貨架商品之外，商店時不時也需要辦活動刺激消費，維持整體的消費。每一次不同的活動，觸及的學生族群也都不太一樣，比如有些平常都不花錢的有錢人，會在某些促銷的活動期間大肆購買，這也讓我體認消費需求多樣性的重要。如果一個獎勵機制兌換品，只有看不見摸不到的「榮譽」，或者永遠只給文具，都不足以全面刺激各種不同年齡層、性別、個性的人。學校就是一個小型社會，裡面裝了各種不同性格的人們，需求也截然不同，身為教師勢必理解因材施教，若能在提供選擇的部分也以這樣的觀念出發，或許能打動更多的學生，刺激更多學習動機。

比如配合節慶，在母親節前夕推出卡片特賣，教師節則提供小盆多肉植物選購作為小禮物等，或是在全校性的兒童節慶祝大會中，設計其中幾個遊戲設施需支付文林幣才能使用等等。如此，將文林幣的用途範圍拉開拉廣，以貼近真實社會的方式呈現，真實感就會很高。甚至將百貨公司歲末舉辦的販售福袋納入辦理活動之一，這種含有投機性的消

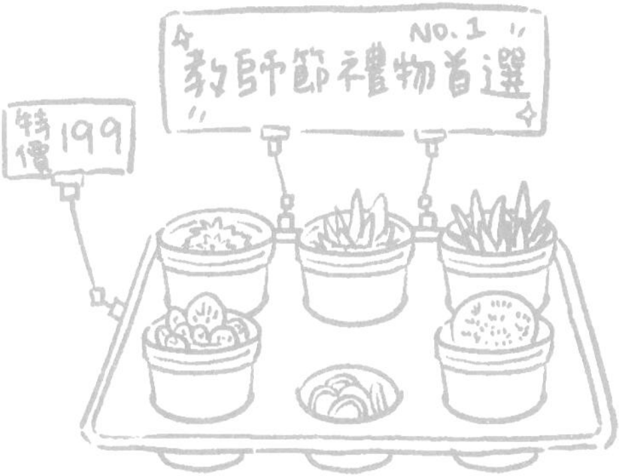

費，也總能吸引一群學生掏錢購買。

文林柑仔店運作得宜，經濟循環才能正常

從機制來看，文林柑仔店運作得宜，是驅動經濟體的主要力量；當貨幣從老師手中流到學生帳戶，就必須想辦法提供交易環境，讓貨幣從學生帳戶流出，有進有出才是正常的經濟循環。學生透過交易，付出貨幣但得到想要的東西，就會更有動力繼續賺取文林幣。

也就是說，不斷維持學生對於文林柑仔店的高需求，等同維持住貨幣信心，輔以觀測儲蓄率，就可以判斷經濟體是否處於正常的循環中。反之，若儲蓄率持續攀升，購買率持續下滑，表示學生不願意花錢購買商品，可能是商品品項不符合需求？此時就需要特別注意，想

辦法找出購買力低落的原因，避免進一步產生貨幣信心崩落的危機。

太功利主義？真實社會的思考訓練？

也許有人會覺得這計畫實在是太功利主義了！會不會讓學生變得唯利是圖？我不否認這樣的可能性，但我也不認為多數的學生都會如此。

客觀來說，文林銀行計畫提供「付出努力可獲得」的機會。學生的付出，可以為了某個目標，一點一滴的累積，就像我們長大後投身職場，最幸福的也許是「職業即興趣」，既能有收入又能滿足自己，但有時候工作也許不那麼有趣，但報酬還可以，我們也會陷入長考，要？還是不要？我認為這種決策前的思考訓練很重要，當決策的過程納入金錢這個考量因素時，難度就會提升，若經驗不足，很容易就做出重大的錯誤決定。

多數人都是進入社會後才經歷前述過程，屆時，你的身旁不一定有人可以幫你分析；但在文林銀行裡，類似的決策時機不斷發生，最重要的是，學生身旁都有老師提供諮詢或協助，在學校的保護傘下，即使是錯誤的決策都可被允許，而從錯誤中學習，往往能更加印象深刻。

長大後投身職場，最幸福的也許是「職業即興趣」，既能有收入又能滿足自己，但有時候工作也許不那麼有趣，但報酬還可以，我們也會陷入長考，要？還是不要？

4-2 銀行行員、柑仔店店員都由學生擔任

文林銀行的例行性工作，包含銀行的行員、柑仔店的商店店員，都是由學生擔任，協助完成全校師生的每一筆存提款以及消費。大家也許會好奇，這些工作真的能夠讓學生獨立完成嗎？會不會太困難？

銀行行員需要細心並對數字敏感？

文林銀行的行員工作，與一般正常的銀行運作模式稍有不同；正常的銀行行員是一份正職，但學生的主要任務仍然是上課，所以這部分是以零碎的非正式課程時間完成，比如說早自習、中午等等，為學

生們的上班時間。文林銀行的行員總人數為八至十位學生，每次輪班大約二至四位學生。

行員的工作為處理每一筆的學生存款與教師提款，工作流程與一般銀行存提款無異。學生存款必須準備好：個人存摺、登載詳實的存款單、金額相符的文林幣現鈔等，行員按照存戶的資訊進行確認，無誤後完成存款，留存存款單，每一筆都要蓋上自己的會計章以示負責，未來萬一發生爭議，也有憑有據。

而存款業務又分為班級存款與臨櫃存款：班級存款是指，每個班級將需要存款的學生資料放入班級存款資料袋中，整包送到學務處，

等行員早自習的工作時間處理完畢後，將完成存款的存摺整包送回班上，是銀行運作的主要方式；而臨櫃存款則是以體驗為主，所需要耗費的時間長，不符合效益，行員的工作時間也難以配合，所以臨櫃存款部分僅接受班級預約，主要目的是讓學生實際了解行員的工作狀況，知道自己的每一筆文林幣存款是如何變成存摺裡的數字。

行員的工作特性需要重複處理數字，承擔了一定程度的壓力與考驗耐煩的毅力，正確性與效率是這份工作最重要的，在選才與評估上，能夠在壓力下仍能妥善完成的學生會是我們觀察的重點。

商店店員需要耐心和抗壓性

文林銀行另一個重要的機構——「柑仔店」，是透過文林幣交易的場所，或可說，是每位學生累積文林幣資產的出口。貨架上陳列琳琅滿目、五花八門的商品供學生兌換，整個交易的過程需要仰賴店員們的協助才能完成。

柑仔店店員需要具備的能力與銀行行員略有不同，除了也必須對貨幣有敏感度之外，還要具備應付人潮的能力。

柑仔店屬於純線下的實體店，需要第一線接觸學生們。營業時間選在上午固定的大下課時間，每次二十分鐘，每週共營業四次，店員總人數略多於行員，約十二至十五位，每次輪班約需六至八位。在二十分鐘裡，店員需要服務數十至數百人次的學生顧客。面對每位都滿懷希望、想要買到自己喜歡商品的顧客，能維持結帳隊伍的秩序，以及結帳的速度與正確性都是店員很大的挑戰。有時候一年級人數太多時，這些小小孩不懂商店運作規則，就必須耐心的一再說明，有時候結帳人數暴增卻發生機器連線不靈光，需要緊急排除問題，幾十隻眼睛盯著你的巨大壓力，可想而知。

是一份工作，也是一份責任

簡單來說，銀行行員屬靜態工作，柑仔店店員則是動態工作；前者要具備細心與耐煩，後者要具備的是耐心與臨場反應能力，兩者在選才上有一定程度的區別。

經歷書面審查與面試兩階段甄選的學生，

還需要經過三個月的試用期。我們一方面觀察學生的工作情形，另一方面也要讓學生實際任事，體會工作狀況後，自行評估體力上能否負荷、與同儕相處是否愉快等等，最重要的是，必須在家長知情同意，導師認為可兼顧課業的情況下，才會變成正式的行員與店員。

賦予職權才能體會負責，文林幣雖然不是真正的法定貨幣，但圍繞文林幣的所有機制都是真的，伴隨而來的責任也會是真的，學生在裡面學習與體會的知識經驗，都可以變成有用的養分，移植到未來真正的人生。

賦予職權才能體會負責，文林幣雖然不是真正的法定貨幣，但圍繞文林幣的所有機制都是真的，伴隨而來的責任也會是真的。

4-3 除了賺錢與花錢，也教導孩子付出和助人

「手中握有的錢，原來捐給別人意義可以如此非凡。」這句來自當時高年級的學生蘇怡潔在「河岸書香送暖」捐贈儀式上的即席演講內容，在多年後聽來，仍然如此觸動人心。

學習真實經驗的前提：尊重與選擇

「自由」是文林銀行計畫隱形的機制，來自於「尊重」與「選擇」的結果，也是我希望傳遞的理念之一，在這個計畫裡，無論你的角色是教師還是學生，你都可以自由的選擇參加或不參加，賺來的文林幣

被視為私有資產，在自由意志下選擇如何花用，這是學習真實經驗的前提，同時也學習著如何為自己的選擇負責。

文林銀行成立的第二年起，我們每年規劃一次「利他性質」的活動。媒合台灣不同角落，但一樣都需要幫助的人，告訴我們的學生，可以選擇捐出手中的文林幣，無論金額大小，我們都將把你的文林幣轉換成珍貴的物資，送到台灣另一端，親手交給需要幫助的團體。這個計畫的特色是，學生只能捐文林幣，不能因為想要捐更多而使用新台幣，也就是說，學生捐出的錢，就是自己累積而來的資產，選擇捐助之前，必須先知道自己有多少量能，以及「你願意犧牲多少利己的消費轉換成利他？」

利他之前先滿足利己：計畫背後的人性與思考

在談助人的利他行為之前，我們需要先確保利己的機制有沒有被盡可能滿足。對我來說，啟動利他計畫的時機必須滿足兩個條件：第一，大部分的學生都完成數次柑仔店消費行為；第二，大部分的學生帳戶都有一定金額的存款。原因很簡單，我們必須先承認利己是人的天性，在存款不足的情況下，大部分的人很難出現割捨資產的利他行為，所以助人計畫要成功，觀察人均存款率是重要的指標之一。

再來就是助人計畫的內容，這是最困難的部分，畢竟文林幣不是法定貨幣，它的價值只存在於校內，到底該怎麼將價值轉移成真的資產？而且就算成功轉移，文林幣實際價值原本就不高，扣掉計畫執行過程摩擦掉的成本，更是低得可憐，標的物的擇定是每次助人計畫最難也耗時最久的部分，若以金融的術語來說，只能以極少的成本，操作極大的槓桿，才有可見的效益。

第一次大規模助人計畫：送愛到紅葉

在我任內完成的兩次全校性大規模助人計畫，都是對於台灣東部偏鄉的捐助行動。曾在深山部落任教的我，親眼看過「粗暴的施捨」；舉例來說，公益團體可能覺得偏鄉學校也要吃飯，捐白米準沒錯，於是一車一車的送往學校，殊不知前次白米根本還沒吃完，這次又是一卡車下貨進廚房，結果就是白米全部長米蟲，最後只能拿來餵雞。諸如此類的狀況時有所聞，當時的我年輕不懂事，只覺得反正不花自己的錢，長蟲還可以餵雞至少不浪費，離開部落多年，回頭看這樣的事件，才意識到事情的嚴重性。

行善並沒有錯，但問題在於並非手心向下就不需顧及真正的需求；不是花了錢就是老大，捐助的真諦應該以協助與分享為起心動念，真心想要給予幫助才會是良善的循環，也是我希望透過助人計畫傳遞的核心理念之一。

第一次助人計畫「送愛到紅葉」採取認購文具組的方式，學生支付文林幣一百九十九元，我們就對應出資購買一套文具組，捐助給當年接連遭受尼伯特與莫蘭蒂颱風重創的台東延平鄉紅葉部落紅葉國小的學生們。也許你想問：為何是紅葉國小？為何是文具組？因為，在媒合受助對象的過程，必須先預估文林國小學生的捐助量能，受助方的角色也很重要，不能範圍太大，所需物資也不能太昂貴，更要觸動學生的善心。風災並不是發生在當年，而是前一年，也就是說，紅葉部落其實已歷經一年的重建，各項基礎建設都已陸續完成，部落居民獲得了重新整修的房子、家電等硬體設備，但孩子們上學所需的各項用品仍十分短缺，這個小小的缺口，預期剛好符合助人計畫可以應付的量能。

計畫開跑後，許多班級導師紛紛響應，鼓勵學生參與，從後台顯示，總捐助人次達全校總學生數的五十%左右，比原本預估的二十至三十%還要多出許多。最後這批文具組不僅成功送達紅葉國小，還外溢到延平鄉另外四個部落的教會課輔班，以及金峰鄉教會課輔班等，可說是成果豐碩。

第二個更大的夢：河岸書香送暖

第二次助人計畫，我們做了一個更大的夢，採取「募資平台」的概念，設定二十萬文林幣的標準，幫助台東縱谷河岸阿美族部落書香專車的書籍更新計畫。當時聽牧師說，這邊的孩子們離市區很遠，圖書館的使用不方便，教會與台東原住民族全人發展關懷協會為六個部落的孩子們準備了行動圖書館，由瑞源教會的林俊明牧師開著圖書館車，逐部落陪伴孩子們讀書，同時也利用時間教孩子們彈烏克麗麗。但孩子們對早就翻爛、根本會背的書籍興趣缺缺，但受限拮据的經費，新書採購作業也遲遲無法進行。

有鑑於第一次助人計畫，有不少學生反映捐助的單筆金額太高，將近兩百元的文林幣對有些想捐但錢不夠的人有困難，於是將這次的

「河岸書香送暖」捐助額度降到五十元文林幣作為一個單位，期待螞蟻雄兵能完成二十萬文林幣這座巨塔，此次目標是募集二十萬的新書，幫牧師把書車上面的書籍全部更新。開跑後，果然很多學生以實際行動響應，有人一口氣捐了好幾個單位，也有準畢業生傾盡家產捐出所有文林幣，最後系統顯示的捐助率居然達到了全校總人數的二六〇%，也就是說，平均每一個人捐助次數為二．六次，實在是非常驚人的數字。

此外，這次助人計畫也被社區人士關注，幾個中小企業主希望可以跟隨這波計畫也做點什麼。商議後，決定採購一批全新的烏克麗麗，以及書車的保養費，與計畫達成後購買的二十萬的書籍一起送到瑞源教會，這也是讓人意想不到的後續發展。

錢捐了變少了，心卻滿滿的、暖暖的

最令我感動的部分在於，這一切都建立於「自由」之上；當利己的行為沒有被限制，出現利他行為時才更顯珍貴與真實，學生回饋中提及「雖然錢捐出去變少了，但卻感受到比買東西更快樂的心情」、「捐款後不知道為什麼心裡有一種暖暖的感覺」等心得，這些感受只會發生在雙手努力賺來的文林幣上，簡單的文字卻有著強大的力量，即使你只是個小孩也擁有幫助別人的力量！

讓學生有能力賺錢，不但讓獎勵制度重新洗牌，也不再只讓成績優異的學生受到關注，還更讓他們明白，「有錢」除了利己之外，也擁有付出和助人的能力；無論是靠自己的力量為媽媽買生日禮物，或是到偏鄉捐款幫助弱勢等，都是種下一顆善的種子。有朝一日，這些孩子都會變成社會的中堅分子，也許當他回想當年的經驗，可以促使他願意為這個社會再多做些有意義的事。

讓學生有能力賺錢，不但讓獎勵制度重新洗牌，也不再只讓成績優異的學生受到關注，還更讓他們明白，「有錢」除了利己之外，也擁有付出和助人的能力。

10
$5

5

透過金錢教育，孩子們學會負責、選擇與分享

5-1 應徵行員與店員的面試三階段
初審、面試、試用期

現實社會中，面試可以看到人生百態，在文林銀行計畫中也是如此。為了模擬真實社會的運作，想要擔任我們的銀行行員與商店店員，也都是需要考試的喔！

考試與錄取：複製真實社會的甄選系統

只不過，所謂的考試，與一般國小的考試有著很大的不同，想要擔任正式行員或店員，必須經過初審、面試、試用期三個階段。

首先，要填寫報名表參加初審。除了基本資料以外，必須告訴我們「你為什麼想要擔任行員／店員？」這個基本的動機；這個問題，說好答很好答，說難答也的確很難答，而這個問題也無標準答案，純粹就是透過文字，呈現學生對於應徵的想法，這也是從海量報名表中進行初步篩選的好方法。

通常我們會從報名表中，以正式錄取名額的兩倍人數，來決定第二階段面試名單。除了邀請校長一同擔任面試官，另外也會請表現優秀的資深行員、店員列席旁聽面試，一起重溫當時緊張刺激的面試場合。面試時，也可以把現場發生的真實問題拿出來當作題目。

腦袋當機了！五花八門的面試題目

面試時，我們除了會再次詢問報名表上的「動機問題」之外，也會想辦法丟一些容易讓小學生腦袋突然當機的問題。比如，面試官會問應徵行員的學生：「請問，你現在正在進行存款的工作，突然，發現剛剛存入的金額，與存摺列印出來的金額不符！你該怎麼辦呢？」

我們想從這樣的問答中，嘗試了解學生的思考脈絡，在不給更多線索的情況下，學生必須自己找到解決問題的路徑。有些學生的回答是：「我會問主任，這個問題該怎麼辦？」也有些學生會說：「我會先看看，是不是剛剛看錯了？或是操作錯誤？還是存款單的金額與實際金額不一樣？如果這些都是正確的，我會問旁邊的學長姐如何解決？或是重新登入一次系統試試。真的都無法解決的話，我會問主任。」想當然耳，後面這位學生錄取的機會就大很多，因為他展現出了負責任的心、積極的態度、解決問題的策略。

除此之外，我們也會在面試店員的時候，將著名電影《華爾街之狼》裡的一段經典台詞「Sell me this pen.」的橋段放進面試中，想看看學生對於這樣的問題會如何回答。我們是這樣問的：「請假裝，我是一個路過文林柑仔店的學生，如果你是一個店員，請嘗試向我推銷我手上拿的這支筆，請開始……」

當然，不可能期待生命經驗不多的學生，

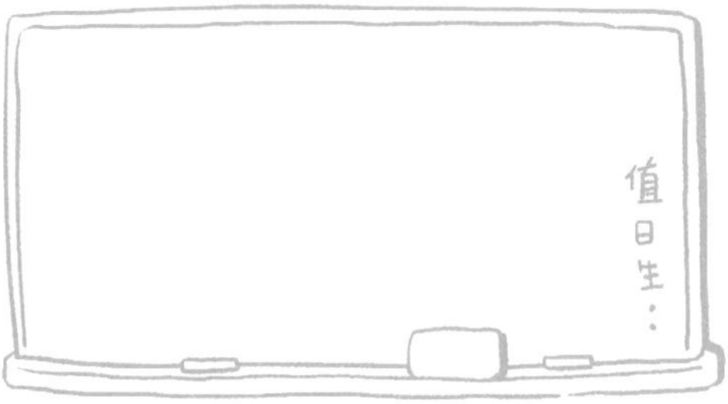

能夠回答如此經典且困難的銷售難題。我們只是希望學生，能經歷「原來這就是面試啊！跟讀書考試怎麼不太一樣……」並嘗試著在極短的時間內要從嘴巴擠出回答，光想就知道不容易。其實大部分的學生遇到這題時，腦袋會直接當機，一個字都說不出來，然後經歷著面試官持續沉默看著你的緊張。但也有少數的學生非常努力的試圖回答，若如此，哪怕回答的內容結構不完整，我們也都能從學生的回答中拼湊出他可能潛藏的能力，給予一個錄取的機會。

在乎與珍惜：學習社會教我們的事

對我們大人來說，面試考驗的不僅是專業領域的知識技能、問題解決的策略與步驟，也同樣考驗著你對於各種細微人際關係的觀察與應對，包含了談吐、舉止、服裝、配件等，這些應對的行為剛好是未進入社會的學生最為缺乏的，因為沒有需求，就難以啟動學習。

這些年最令我印象深刻的，除了應徵人數愈來愈多之外，也發現進入面試的學生準備程度超乎想像。學生會在進入面試空間前敲門，然後等一下，聽到面試官說「請進！」才走進來；回答問題時，會先感謝面試官，並複述問題給自己爭取思考的機會，身上的打扮合宜簡單但不隨便；離開時，起身先將椅子不拖地的靠回，再次感謝面試官，最後輕聲帶上門。以上這些與大人世界面試無異的細節，追問之下才知道都是學生的父母、導師主動給予指導，反覆練習的結果，體現著「在乎與珍惜」。

5-2 糟糕，下個月薪水發不出來了！

師生真誠相待，展現同理心，共度難關

有位參加試辦計畫的導師來學務處找我，想討論文林幣配額不足的問題。他說：「主任，我們班當初的資金配置規劃，與實際執行有點出入；現在面臨一個問題，就是我們班下個月的幹部薪資會發不出來。有沒有可能先預借文林幣？讓我可以在學期結束前，如期發出最後一次的幹部薪水。」我聽了之後陷入深思，這樣的困境，該如何在不破壞公平原則下協助老師們度過？

新機制在建立的過程，必然伴隨各式各樣的狀況；每一個問題與

困境的產生，都是一個危機，也是一個機會，釐清問題與問題背後的原因，是很重要的學習。以這個問題為例，我看到的是文林幣在總量管制的前提下，有的班級因一開始規劃未臻完整，導致資金流動性出現問題。這樣的困境如果以最快的方式處理的話，當然是透過緊急融資的方式緩解老師的壓力，但如果未來有十個老師，甚至更多老師表示資金不足申請融資，就會出現更大的系統風險，也就是說，緊急融資也許不是上策。

當下我沒有立刻給予導師協助，而是告訴導師，我們會再思考一下如何提供協助，對話就此結束。

忘記過了多久，有天與這位導師再度相遇。提及了這個困境，導師居然說：「已經解決了！」我又驚訝又好奇，這段期間我並沒有提供任何協助，這個困境是如何被解決的？

導師有點不好意思的說：「其實我就是在班會時，誠實的跟孩子講，老師因為文林幣的發行規則沒有掌握好，有一些項目發出去的文林幣比預期高，導致可能在學期的最後一個月，發不出薪水給班上幹部。於是在班會裡面提出這個問題，想請同學們和老師一起來解決。」

其中一位孩子說：「老師，很簡單啊！我們幹部集體減薪，問題不就解決了嗎？」

孩子乾脆而簡單的方案，值得大人們深思。這群孩子與導師，某種程度是共同體的關係，在社會上或可類比為一間一間的公司。公司的經營不可能永遠順利，總會遇到營業額不如預期，或決策失誤造成的虧損，我稱之為關鍵時刻，真正的人心總在關鍵時刻才會顯現，而決策結果將直接影響後續發展。

客觀來說，導師度過了此次危機，班級得以恢復平靜；但在我眼中，看到的是導師的勇氣，以及平時點滴積累的生活教育成效驗收。我確定，導師與孩子的關係是緊密的，在深刻的連結中，所有的選擇都會以同理心出發；同時理解妥協與折衷的真諦，進而做出一個彼此都能夠接受的決定。試想，學生當然能據理力爭，爭取本應屬於自己的權益，但孩子們並沒有這樣做。

這個事件，相信孩子們會記在心裡，不僅是事件的演進，而是以同理、溫暖的心，包容體諒身旁重要的人；從這一堂課學到的，是透過金錢的力量，映照出人的價值。

5-3 商店裡，天人交戰的內心戲

透過每一次消費，從小開始練習做選擇

我們都知道，價格是你付出的，而價值是你得到的；有公定的價格，卻無固定的價值，價值存在於每個人的心中，因人而異。對尚在求學階段的學生來說，這樣的練習幾乎是零，為什麼呢？因為在正常的情況下，就算學生有機會購買商品，所付出的並不是你我認知的價格，因為，錢不是自己賺來的。

但文林幣不同，這個實驗計畫中沒有富二代，不會有含著金湯匙出生的人；每個人從一年級開始參與計畫都是白手起家，領到的第一份文林幣，就是資產私有化的開始。自己的錢自己賺，並且自己負責，

這是很重要的遊戲初始設定，一旦體認到「錢花了就會變少」，接下來的所有決定，就會好好的思考了。

每當到了文林柑仔店的營業時間，除非當天我適逢公出會議不在學校，不然我一定想方設法留在現場，看著店員們的工作狀況，也觀察每個前來消費的學生臉部、肢體表情，百看不厭。從中，也發現了許多背後的故事。

商店的營業時間總是大排長龍，選購、排隊時，充滿了各種有趣的對話：「欸你買這個好不好吃啊？好吃我下次也要買。」「今天我買了喜歡的東西，錢全部都花完了喔！」「你買這麼多餅乾幹嘛？」「我要買回去請同學啊！」「那個大娃娃好好喔！我不知道要存多久才買得起？會不會有人先把它買走？主任，可以幫我保留嗎？（答：當然不行！誰錢夠了我就賣誰嘍！）」這些對話很天真、很直接，卻也非常真實。

曾看到一年級的新生，興沖沖的帶著文林幣要來買筆記本，卻在結帳時被店員告知手上的錢不夠、無法結帳，而滿臉疑問的說：「我有帶錢啊？」然後失望的離開，但從此之後，他學會了如何閱讀商品的標價，學會判斷該標價與自己手上的文林幣相比較能不能對應，由此得到了一次很好的學習體驗。

同時我也花很多時間，側面觀察那些獨自一個人前來，盯著貨架若有所思的學生們——搭配著他們的眼神、來回踱步，拿了一包餅乾、又放回去，或是不斷把玩著自動鉛筆，在貨架前駐足許久。我認為，計畫最可貴的時刻即在此，此時，學生的腦袋思緒奔流，撈取著是否進行交易的相關資訊：一邊是買了開心，另一邊是花了錢會變少，天秤兩端該如何平衡？該衝動的先滿足短期享樂？還是忍住小欲望完成更大的目標？這種「練習做選擇」的機會是相當重要且需要的。在自由心靈的小腦袋中，不管哪個選擇都沒有錯，但背後都有小小的代價要自己承擔；買了小享樂就離遠大目標更遠，不買就得克制自己的欲望。選擇，從來就不是件容易的事！

5-4 多功能校園扭蛋機
兼顧消費理財、文字解謎、同儕娛樂

審慎評估：投機性消費的優缺點

市面上，隨處可見琳琅滿目、相當多的扭蛋機與夾娃娃機，很多人喜歡利用小錢達到娛樂消費的目的，其中有一點點投機成分的運氣，但也有人認為這種「浪費錢」的消費行為很不恰當。對於這樣正反兩面意見並陳的消費類型，我覺得是非常有趣的切入點，值得作為消費行為的觀察。

一般來說，這類型消費最大的特色是：單次消費金額低、刺激性強、不確定性高；以夾娃娃機來說，雖帶有部分的技術性，但同時也可能伴隨著容易沉迷、不知不覺支出金額過高、花太多錢卻得到無實用價值的獎品等等的缺點。如果打算將夾娃娃機引進文林柑仔店，就要做一些適當的調整，既能保留特色優點，又要削減可能伴隨缺點的疑慮，最好還能夠結合教育意義。

就決定是你了！扭蛋機

受限於存放的空間，我首先得決定要採購哪種機台。從機器體積與規格來看，夾娃娃機通用規格都很大台，愈小台則愈貴，且需要插電；而扭蛋機不需要電源，比較單純，規格通常都是固定的，差別在於你要買單層、雙層還是三層。

從體驗時間來看，夾娃娃機耗費的相對時間比較長，從投幣下去的那一刻開始：操控機器直到下爪鈕按下，整個過程可能需要歷經三十秒，一分鐘可以讓兩個人使用；也就是說，二十分鐘的營業時間，最多只能消化四十人次。但若是選擇扭蛋機：從投幣，到扭出扭蛋，可能不需要五秒，在二十分鐘的營業時間內，最多人數上限可達兩百四十人次。

對於營業時間總是大排長龍的柑仔店來說，「新的消費體驗會不會讓排隊問題更嚴重？」是首要的考量。此次採購的機台，必須擔負分散人流的重任，最好是無人看管也能自行運作，幾經思量後，我決定以扭蛋機作為柑仔店新一波主打設備。

「扭蛋鎖詩我來解」，結合學校特色

回到當初的問題點，在相對保守的校園，放置具有投機性的娛樂消費設備，此舉本身就存在一定的爭議性，但話說回來，扭蛋機不過是一個載體，重點還是在內容是否得宜，能否將投機性的特質，轉化作學習的外在刺激，引導學生在過程中理解投機這個行為的輪廓。

遊戲規則是這樣子的：原本每位學生從一年級起，就都有「文林詩情」的任務，國小畢業前必須完成共計六十首詩詞的背誦檢核。而第一次扭蛋機活動，命名為「扭蛋鎖詩我來解」：特別精選「文林詩情」任務的其中十六首五言絕句，做成任務貼紙，要達成任務，必須蒐集任三張貼紙，再補全詩詞的完整前後文，就可獲得限量贈品。

每顆扭蛋裡，除了固定的小零嘴之外，都會附有一張小貼紙，貼紙上會有一個中文字，這個字就是十六首絕句裡的其中一個字。例如，打開扭蛋時，你得到了一張上面寫著「月」這個字的貼紙，這張貼紙有很多種組成的可能，可以是李白〈靜夜思〉「床前明月光，疑是地上霜……」詩句中的一個字，也可以是白居易〈秋夕〉的「葉聲落如雨，月色白似霜……」的一部分，然後，你需要再蒐集下一個字，才能決定該如何組合，才可以最快達成任務。過程中，開放學生自由交換，只要集滿同一首詩的三張文字貼紙，再手寫所集到文字貼紙的相應前後文，組成完整的一首五言絕句，任務就算完成。

學生經歷這個活動時，必須不斷回頭查閱手上的貼紙，這些字藏在哪一首詩裡面？得到第二張貼紙時，要判斷這張貼紙要不要留？還是要交換出去？要交換哪些字才有用？這些景象歷歷在目，回想起來仍覺得非常有趣。

什麼都是假的，賣得出去才是真的

在沒有特別宣傳的情況下，我們開始進行試營運。可能是扭蛋機本身太過搶眼，不到幾天就爆發人潮，學生擠爆結帳櫃台要兌換代幣，全部都是要來投扭蛋機的（機器交貨前特別改裝成代幣投錢道，不吃新台幣，只能投專屬的代幣）。很多學生連遊戲規則都不知道，扭了再說，開心的吃完零嘴，才拿著貼紙來問「請問這個貼紙是什麼？有用嗎？」店員忙著補上集點卡，並仔細的說明遊戲規則，然後看著學生似懂非懂的拿著集點卡離去。

爆滿的狀況大約持續兩週後回穩，也開始陸陸續續有高年級學生完成任務來換獎品。實際與這些同學訪談，釐清他們為何可以這麼快集滿的可能因素，歸納出來的原因有：貼紙要夠多，朋友也要夠多，唐詩背誦要夠熟等要件。不過，學生們也回饋這個任務有點燒腦，並詢問下次能不能推出簡單一點的遊戲。

大體上來說，這項活動是成功的，確實有一部分的學生因此願意多看幾眼唐詩，願意多花些時間思考，對我來說，這就非常足夠了。

5-5 畢業限定特賣會

畢業後就不能用的文林幣，該怎麼花？

文林幣與新台幣不一樣，文林幣是有使用壽命的。對國小學生來說，文林幣使用期限最多就是六年，在畢業的那一刻，文林幣就會失效。畢業生手上持有過多的失效文林幣絕非好事，一方面畢竟都是自己透過各種努力累積的資產，直接歸零太可惜.;另一方面這些文林幣很可能會被移轉，不管是移轉到自己的弟弟妹妹，或是要好的學弟妹，都會造成富二代產生的可能，而富二代並非我們樂見。

限定封館特賣會，以商品買回貨幣

要解決這個問題，就要想辦法在畢業生持有的貨幣壽命終結前收回資金。但被視為私有資產的文林幣，不能用公權力強制執行，而必須出於自願；如果學校將畢業生的存款強制收回或裁定失效，等於干預與破壞市場，對於貨幣信心會產生毀滅性的影響。要透過合理的方式，有足夠的誘因，才能盡可能將畢業生手上留存的文林幣收回，把資金移轉的可能性降到最低。對文林銀行來說，保護文林幣的貨幣信心是首要之務。

於是，我們試辦了第一次的「畢業生限定封館特賣會」，採特定時段開放畢業班選購，以全面六折的賠本價吸引畢業生，並設計了開放各種集資合購，只要湊得出文林幣都可以完成交易。消息一出立刻在校園引起討論，還沒畢業的在校生紛紛表示羨慕，為何今年畢業的不是我；畢業生則是躍躍欲試，組成合購團，準備在封館那一刻大殺四方。對於學務處以及加班支援的店員們則是嚴陣以待，準備應付有史以來最龐大的採購人潮，以及最久的工作時間。

果然，每批前來特賣會的準畢業生們就跟百貨公司週年慶人

潮一樣，看到每樣商品都比平常便宜快要一半，簡直樂翻了！東西好像不用錢似的一直放進購物籃。合購的學生則是找了個角落，圍成一圈坐下來，把要購買的東西集中在一起，然後開始進行一連串乘以〇．六的算術，還不時望向貨架那些快要被拿完的商品，深怕最後價格萬一沒算對，剩太多文林幣，以後就再也沒有機會使用了。至於那些計算速度不夠快，又忘了帶計算機的學生，只能跟我借紙和筆慢慢計算。

無心插柳，成了大受歡迎的畢業儀式

辦理畢業限定特賣會的主要目的，其實是測試貨幣能不能被順利回收，確保市場上流通的文林幣能盡可能減少不當轉移。沒想到第一次試辦的活動就引起極大的迴響，不僅順利收回貨幣，也給畢業生一個難忘的回憶。從此之後，似乎成了必辦的畢業系列活動之一，六年級的學生總是不停問：「什麼時候要辦畢業生限定特賣？這次會怎麼打折？」而我總是回：「這是學務處最高機密，不可以現在就讓你知道，但我可以跟你保證折數肯定讓你滿意！你現在努力存錢，到時候選擇的機會就更大！」

從後台也發現，部分六年級的學生在邁入下學期之際，儲蓄率開始上升，消費力道減弱，出現了典型的預期心理，期待著尚未公布的畢業限定特賣活動內容，也是非常有趣的現象。

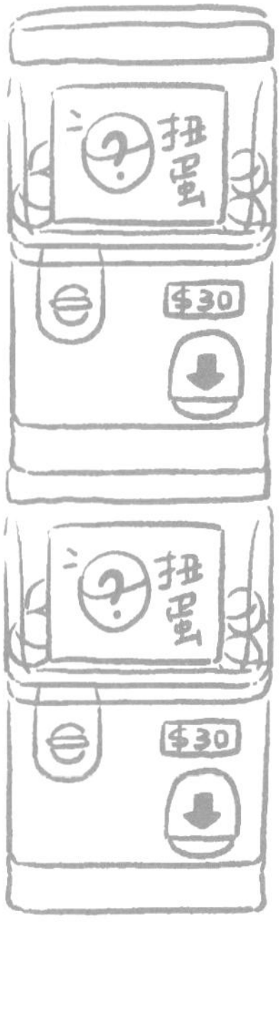

5-6 賣到來不及結冰的「結冰水」！

供不應求，只好調價以制量

當年還沒有「班班有冷氣」的政策，每到盛夏時節，頂樓的高年級教室出現三十七度的室內溫度是常有的事，那種氣溫下，電風扇不管怎麼吹，效果都非常有限，不要說學習了，連好好待在教室都是一個挑戰。只見老師與學生紛紛出動各式各樣清涼小物：吸水巾、小電扇、涼感頸圈等等，學校也想辦法設置隔熱屋頂、百葉窗、水霧系統等，目的都是在沒有裝設冷氣的前提下，想方設法能降低一點點溫度，讓身體能熬過高溫月分。

有天當我開車停等紅燈的時候，偶然瞥見路邊的檳榔攤，用紅紙寫著大大的「結冰水」字樣，靈機一動，心想：大幅降低溫度，才是最直接的消暑啊！沒錯，對於在烈日下工作的勞工朋友們，結冰水也許是一個很重要的降溫途徑。回到學校後，我立刻著手把之前辦活動沒用完的一些礦泉水放進冷凍庫，結成一根一根的冰棒水來上架試賣，試賣期間每瓶礦泉水售價六十元文林幣。

來逛柑仔店的學生們第一次見到這東西，覺得非常新奇，只見有人半信半疑的買了一瓶回去。沒想到，不出三個營業日，突然間一大群平常不會來消費的高年級男生，紛紛湧入柑仔店詢問：「結冰水在哪裡？我要買結冰水！」庫存沒多久就銷售一空。我們緊急採購新的礦泉水放進冷凍庫，學務處的冷凍庫冰不下，還商借健康中心的冰櫃暫時應急。沒想到，原本在冷凍庫冰少少的幾瓶礦泉水，通常隔天就可以結成冰，但當整個冷凍庫都塞滿礦泉水時，因為水的比熱很大，降溫的過程釋放出的熱量非常多，原本以為一個晚上可以完成的商品，要增加成好幾天才能結成冰，導致營業日出現無法供應商品的窘境。

由於購買結冰水的人數激增，供給遠遠無法滿足需求，迫於無奈，也基於物稀則價漲的市場交易原理，柑仔店啟動結冰水漲價策略，從每瓶六十元調整至八十元，漲幅達三十三%。公告一出，果然爆發局部民怨，先前買過售價六十元的學生紛紛表示「主任你怎麼可以漲價！」「對啊！主任你是黑心商人，坐地起價！」但有趣的是，嘴巴上碎念的學生，仍然掏出文林幣購買，買完後還是開開心心的回教室。

經過幾個營業日的觀察，生產數量仍然無法與銷售達成平衡，還是供不應求，結冰水成為每次開張營業第一個賣光的品項，店員要不斷的跟後面來的學生說：「結冰水賣完嘍！下次請早！」然後就看到學生表情從興奮轉為失望，臉上似乎寫著「唉呀，今天又沒買到～」的失落表情。

由於無法採購大型冷凍設備，既有機器產能也已滿載，供給的上限無法突破，我們只好再次調漲價格，從八十元再調漲到一百元，這個價錢已經是人均月收入的總額，等於買一瓶結冰水要花掉你一個月的月薪，如此高昂的價格終於成功抑制銷量，達到供給與需求的平衡，也算是一個有趣的經濟社會行為的觀察。

在整個過程中，我們也接收到老師對於學生喝冰水這件事情的疑慮；除了老師擔心冰水對學生的身體可能造成不良影響，從小我們也的確被灌輸著「不要喝冰水，喝冰水傷身」的觀念。但在經過我們爬梳了網路上各家中西醫對於喝冰水的見解後，得出幾個結論：

1. 冰水不是可怕的飲料，人體對溫度的耐受度並沒有想像的不堪。
2. 在炎熱的夏天適度喝冰水，有助於調節體溫，讓身體比較舒適。

3. 從中醫的觀點，每個人的體質不同，要綜合起來看，任何飲食過與不及都不好。

換句話說，關於「喝冰水會不會傷身」這個議題，除了體質之外，取決於攝取的頻率與數量。回頭來看柑仔店推出結冰水這件事，當小孩拿到一瓶凍得跟石頭一樣的礦泉水，除了享受冰涼帶給皮膚的刺激之外，迫不及待打開來喝一點一滴解凍的冰水，其實每次能攝取的冰水真的很少，而一瓶結冰水完全融化的時間需要好幾個小時，我猜想，可能也是因為這個原因，即使價格很高，仍然有學生願意掏出文林幣購買，因為，真的可以涼很久啊！

5-7 破產了！怎麼辦？

全班師生齊心為同一目標努力

萬一錢不夠了？資金不足的隱憂

在總量管制的原則下，每位老師都是隨著授課的節數、觸及學生的時間，獲得對應的文林幣進行發放，符合比例原則的公平。但隨著第一年有老師破產的情形發生後，我們心裡就一直存在著「萬一文林幣不夠發怎麼辦？」的憂慮。學生都會犯錯了，老師當然也有可能，我們讓學生在犯錯後有機會重新選擇，是否也應該幫老師增加一道防線？因此，我們設計了一個「創意提案計畫」，鼓勵班級有機會凝聚全班之力，完成一件大家認同的任務。

看見需求，引導思考

有一個班的學生對於賺取文林幣還滿熱衷的，導師於是順勢向班上介紹了創意提案計畫，引導學生思考，如果想要多獲得，是否需要多付出？在他人的需求上，看見自己的責任，透過全班的力量，想一想能做什麼事情，可以讓學校變得更好？經過一番熱烈討論後，大家決定刷洗一整棟樓的走廊洗手台，去除陳年的污垢青苔。

於是班上同學們一起確認：刷洗的範圍、可安排的時間，並且設定建立工作流程——計畫每個洗手台配置兩至三人，先以短刷配合少量洗手乳刷洗，再用漂白水殺菌，最後以抹布擦乾完成。

從學生事後的回饋中看到，原來身邊很多看起來理所當然的事物，可能都是某人辛苦的結果；就像洗手台如果不是有人努力的刷洗，根本不可能永遠看起來亮晶晶。也有學生提到，這個工作一開始感覺輕鬆、好玩，但刷洗了一陣子後，卻開始感到痛苦，因為污垢不僅存在磁磚表面，還有更多是卡在中間的隙縫，有許多硬掉的牙膏泡泡，排水口也有食物殘渣，刷洗時他才體認到公德心原來如此重要，一直到最後，看到整排乾淨清潔的洗手台，才又感覺到成就感。

除膠大作戰

你我也許不會記得小時候老師上課教過什麼，但你一定記得班級曾經共同完成的某個重要事件，成為了日後彼此間的難忘回憶。有位畢業班的導師，希望學生在畢業前能為母校做些什麼，於是以綜合課「讓愛發光」單元融入主題，動機是讓孩子們從小細節開始，自己動手，讓校園更美麗。全班討論了許久，最後決定以清除一整棟樓的牆壁磁磚殘膠作為任務。

這棟大樓主要以行政單位為主，早年習慣在磁磚牆上張貼各種海報與公告，經年累月的累積出層層疊疊的殘膠。為此，班上先開班會，討論相關的清潔問題、分工，以及如何選擇去膠的材料？才能符合高效率、安全且不傷身體等條件。還先經過實地驗證，確認達到可接受的清潔效果。最後拍板決定，採流水線的方式，每組各司其職：清潔劑組，噴上清潔劑軟化殘膠；除膠組，刮除；清潔組，擦拭；善後組，整理，並且還有各區負責人，隨機視狀況即時調度人員等。

看著學生將彼此視為團隊夥伴的投入過程，就好比拍攝揮汗如雨卻甘之如飴的電影慢動作鏡頭，那真是一幅很美的畫面。

積極向上，傳愛快閃活動

也曾有導師希望透過戲劇表演，傳遞積極向上的氛圍。導師於是與班上的學生，一起完成歌曲〈快樂天堂〉的重新填詞，並在歌曲中融入自編舞蹈動作，全班共計有戲劇表演組、歌唱表演組、道具製作組以及領導組等細緻分工，經過約兩個月的籌備，最後在兒童朝會中公開演出。

從外部的視角來看，這是一個班級的精湛演出；但由我的視角，則是看到老師細膩

且完整的課程規劃，除了活動本身的練習之外，有更多向外連結的統整性比較思考，透過影片、文章、繪本等不同文本，卻同樣隱含「傳愛助人」的概念，強化學生對於這件事情的認同。此外還設計生活中的體驗，連續三天記錄「一句讚美的話、一件感恩的事、日行一善」。

在學生回饋的學習單中，可發覺幾乎所有的學生都喜歡這個活動，並且認為有趣，即使過程需要不斷重複的練習感覺很辛苦，但在演出的那一刻，一切都值得了。引述幾段學生寫的話：「我想，這應該又在全班的回憶簿上再次記上了一筆吧！」「謝謝老師給我們機會在台上發光、發熱！」「我最喜歡演出中大家圍起來的時候，因為我們如同家人般溫馨和團結。」

變通配套的備援神機制

以制度的角度來看，雖然「總量管制」的公平很重要，但適時的變通或提供配套方案，也許能夠更符合需求。「創意提案計畫」的機制，就是提供各班級在萬一發生資金流動性問題時，至少老師可以和學生共同討論，可能透過什麼樣的提案內容，來爭取總額之外更多的文林幣。

給一個火種，燃亮創造回憶的小宇宙

「回憶」，需要伴隨著事件的發生，而在大部分人的學校記憶中，往往都是團隊合作的經驗與參與各種活動的練習過程中，人與人之間發生的各種小故事。這些回憶是情感維繫的細絲，千絲萬縷串起同學間深厚的情誼。

創意提案計畫想成為一個又一個「回憶」事件起點的火種，鼓勵付出與獲得，但最後燃起火焰的是木材、是人才，以金錢為因，卻不以金錢為果。

6

從孩子身上，看見超越金錢的無價心意

6-1 柑仔店前，那一捲皺巴巴的文林幣

常常在柑仔店的營業時間，看到孩子們三五成群相約駐足貨架前，七嘴八舌的討論著等一下要買些什麼？彼此身上還有多少文林幣？偶爾會在討論的人群中，可聽到發出驚呼的聲音，這些是發生在柑仔店的日常。

但也不乏有些孩子是獨自來到柑仔店的，這些孩子是我特別喜歡觀察的對象。某一天就有這麼一個孩子，他前來柑仔店消費，彷彿是進行一場慎重的儀式；只見他看著手中緊握的文林幣，再看看架上的

商品標籤，眼神停留在紅色爆炸樣式的特價牌上許久，臉上的表情有點複雜，好像是自己的文林幣沒有帶夠，又好像在決定是否要把手中文林幣一次花完，我不確定……不忍心打斷他小腦袋奔流的思緒，可是眼看著又要上課了，我示意小小店員前往詢問他是否需要協助。

「請問你有想好要買什麼了嗎？」「需要我的幫忙嗎？」店員很和善的展現了他的專業，可是孩子卻完全沒有理會店員，仍然沉浸在自己的思緒裡，店員繼續說：「如果你考慮好了，要趕快結帳喔！因為快上課，我們也要打烊了。」

孩子仍然沒有回應，鐘聲響了，他立刻被拉回現實，意識到已經上課了，頭也不回的往教室的方向跑去……留下錯愕的我，與準備忙著收拾的小小店員。

不知道過了多久，某一天我又在柑仔店的營業時間看到了這位孩子，他的表情相較之前愉悅、篤定了許多。結帳時，只見他買了一塊巧克力餅乾，到手後立刻拆開來吃掉了。我走上前問他：「上次我有注意到你考慮好久，最後沒有買，今天發現你買了巧克力餅乾，我很想知道，你覺得……值得嗎？」

孩子立刻陷入沉思，想了很久才跟我說：「我覺得……有一點點不值得。」我驚訝的問：「為什麼？為什麼不值得還要買呢？」他悠悠的說：「因為我真的存了很久，原本不想買巧克力的，可是我現在真的很餓，巧克力可以讓我不餓，可是吃完就沒了……覺得可惜。」

我想了一下，繼續問他：「那……等到你下次存夠錢後，你會怎麼選呢？」他想了想說：「我應該會買可以用的東西，如果怕肚子餓，我可以從家裡帶一些麵包或是餅乾，餓了可以吃，這樣就不用花到我的文林幣了……」

看著他離去的背影，我突然回想到那疊握在他手中發皺的文林幣；每一條摺痕，都代表著成長的印記，他體認到了錢不好賺，認清了資源有限的情形下必須做出選擇，對於每一份資產的運用都要仔細考慮。

這讓我再次確信，「需要」與「想要」的拿捏，是一次次的經驗練習累積而來的；在不同的時空背景，不同的環境與需求下，人在當下做的決定不一定是最好的決定，但的確都是為了解決某個當下急需被解決的問題，而所謂的聰明消費，都是在不斷嘗試錯誤並反省，用成熟的觀點重新選擇的。

「需要」與「想要」的拿捏，是一次次的經驗練習累積而來的。

6-2 男孩的凱蒂貓筆筒

一個平凡的柑仔店營業時間，店員們一如往常迅速且精確的處理著學生們想要結帳的各種商品。其中有一個高年級的男生吸引了我的目光，他手上拿著一個凱蒂貓的筆筒，依序排著隊等待，眼神流露出一點點的不安。

等到他結完帳，準備離去時，我上前叫住了他。我問道：「我剛剛有注意到你拿了凱蒂貓的筆筒，這東西不便宜耶！我想知道你為什麼想要買呢？可以告訴我嗎？」

手上捏著筆筒的他，不安的情緒更加明顯，眼神游移、不太想回答我的疑問。

當時我心想，這個年紀的男生應該多多少少都開始進入青春期，或許是想送給心儀的對象吧！我接著半開玩笑的問：「你們這個年紀有喜歡的女生我都知道啦！你又長那麼帥，送給女孩子不是什麼難以啟齒的事啊，我可以理解，沒問題的！」

小男生聽到我預設立場的問題，急忙搖頭否認，說道：「才不是咧！我沒有喜歡的女生啦！」說完又更緊張了。

過了一會兒，他怯怯的說：「沒有啦，其實我看了這個筆筒很久了，它很貴，所以我很努力的存錢，買來想要送給我媽媽。明天是她的生日，她一直都很喜歡凱蒂貓的東西，我想說……送這個應該媽媽會很開心吧！」

學生簡單的回答，卻像一記重拳衝擊我的腦袋。

教育的目的是什麼？賺錢的目的是什麼？我們期待著孩子給父母什麼樣的回饋？在這一刻，似乎豁然開朗。

這個凱蒂貓的筆筒，背後承載著什麼樣的價值？

第一次透過自己雙手賺取的資產，想到的可能都是「我可以買什麼來滿足自己」，這樣的想法相信存在大部分人的心中，但這個小男生卻選擇了回饋自己的母親。我們可以嘗試建構這個事件背後的意義，也許這個男孩的成長背景中，曾被教導分享的概念，也透過減少自己的資產，轉移成回饋身邊重要的人。這個舉動與一般常見的，比如，在母親節拿著爸爸給的錢，買康乃馨送給媽媽的行為，有著截然不同的意義。

這個選擇，純然由內心發出，沒有任何外力的指導，蘊含了家庭與學校教育的積累，才更顯珍貴。

金融教育，絕對不是只有聚焦在賺錢與花錢，而是每個收入與支出的選擇歷程中的動機與理由。

最後，我跟學生說：「老師為我剛剛的錯誤假設道歉，也謝謝你願意告訴我你的選擇。我相信，媽媽收到這個禮物一定非常開心與感動，這可能是媽媽這輩子收到最貴重的禮物了。」

金融教育，絕對不是只有聚焦在賺錢與花錢，而是每個收入與支出的選擇歷程中的動機與理由。

6-3 我們要合資買下「鎮店之寶大娃娃」

文林銀行第一屆的柑仔店店員，幾乎都來自於同一個班。店員們的導師，是位非常嚴謹與認真的資深老師，對於在班級內部實施文林銀行計畫並不認同；導師認為學生的學習與生活教育不應該以金錢作為獎勵，所以沒有申請加入整個計畫的運作。

但令人開心的是，導師雖不在班上實施計畫，卻也不會限制自己的學生追求計畫底下任何工作機會，反而鼓勵學生積極的爭取，甚至親自幫學生訓練面試的各種技巧與注意事項。這群孩子在老師的協助下，大量取得了第一屆店員的錄取資格，也不負期待，在執勤期間總是我最得力的助手。在他們身上，體現了合作精神的具體實踐，裡面有幾位的計算能力卓越，甚至可能超越了許多真正便利商店的店員，著實令我佩服。

柑仔店貨架上林林總總、各式各樣的商品，每樣都在向小孩們熱情招手：來喔來喔！快來買我喔！從文林幣三元的沙士糖，到文林幣三千元的坦克積木，此外我們還會在貨架上擺幾隻超大娃娃，因為體積大，價格自然很高。那些超大娃娃，是一種鎮店之寶的概念，擺在那邊讓人瞻仰，哪天不見了，就是被某個富翁買走的。

娃娃怕灰塵，都要拿大塑膠袋套著，每隔一段時間，還要更換新袋子維持賣相。

通常這種娃娃因為價格太高，買得起的人少之又少，擺在架上的時間都很長，有時候會長到不禁令人心生懷疑，真的有人把它當作目標來存錢嗎？

有一天，這群店員突然跑來找我，問我能不能讓他們合資買下一隻大娃娃，我聽了之後反問：「你們這群人有男有女，買這隻娃娃要幹嘛？而且買回去你們打算怎麼分配啊？」

他們只說：「我們要合買一隻，送我們的同學啊！」

他們單純而堅定的回答，激起了我的好奇心。

原來，他們班上有一位同學的媽媽，前陣子因癌症過世，此刻這位同學正承受著喪母之痛。身為同學又是好朋友的他們，除了言語上的安慰，也想透過做些什麼實質行動，來幫助他減緩傷痛。大家討論後，決定合資購買貨架上最大隻的史迪奇巨型布偶，因為這是同學最愛的角色，希望這隻大布偶能夠陪伴同學每晚入眠。

因為有取捨，決定才顯珍貴。

6-4 主任，她沒有付錢！

這天，又是一個熙來攘往的柑仔店營業日常；內場店員們忙著結帳、收款，外場店員忙著引導、維持秩序，要說文林柑仔店這個工作，屬於文武場裡的武場一點都不為過，因為除了必須眼觀四面、耳聽八方，隨時應對各種不同的問題，偶爾還會有特殊的情況，必須讓主任出面處理。

「主任！有同學拿了東西就往外跑，我們抓住了她，她現在外面，主任你要不要過來看！」機靈的外場店員突然衝進學務處通報。

「光天化日，居然有學生如此之大膽，這我得好好的處理才行！」我心裡想著，邊走到學務處外，撥開圍觀的學生們，映入眼簾的，卻是一位跌坐在門邊牆角的小女生，手握著卡通原子筆與橡皮擦，放聲大哭，不斷的搥打地面，邊哭邊大聲喊著：「我要買這兩個……」

我馬上認出這是學校的特殊生，剛好她的特教老師也在附近，見到女孩激烈的情緒反應，當下緊緊抱著安撫，女孩在老師懷裡，不斷邊啜泣邊解釋著發生的一切……

後來，特教老師跟我說，這孩子是她的個案，除了自己特殊生的身分之外，家中經濟並不寬裕。之前在班上，常常有順手牽羊的偏差行為，喜歡什麼就會想辦法拿，造成導師與同學很大的困擾，特教老師對此也相當頭痛。知道學校推動文林銀行之後，特教老師覺得透過付出與獲得，讓女孩有機會自己賺取文林幣花用，或許有機會改變，而女孩也的確開始願意嘗試著在特教班表現出良好的行為，藉此獲得文林幣。今天在柑仔店的插曲，是因為特教老師知道女孩真的賺到一些文林幣，想帶她實際到柑仔店走走，沒想到女孩又忍不住拿了貨架上的文具，而手上的文林幣總額還不足以支付，被眼尖的店員察覺，所以才造成騷動，特教老師表示對大家很不好意思。

聽完老師的描述，心情很複雜。這孩子正在進步與成長趨勢向上的過程，她需要的是原諒？還是懲罰？或是在原諒與懲罰兩者之間，有沒有更好的選擇？

我知道特教老師事後一定會持續關心與輔導，所以我把女孩找來，在沒有其他學生的時間，開放柑仔店貨架讓她參觀。

遠遠看著女孩趴在和她身高一樣高的貨架，大眼睛望向琳琅滿目的商品，很久很久。

我不會讀心，但此情此景讓我永難忘記。

在原諒與懲罰兩者之間，有沒有更好的選擇？

6-5

「主任，我來吧！」被後浪淹過去了！

每次柑仔店開張前，總是需要各種前置作業的布置，包含：貨架推至定點，系統開機登入商店頁面，準備帳號清冊等等，所以我會特別拜託店員的班導，在營業時間的前一節課，讓孩子們提早三分鐘下課，前往學務處布置與準備，迎接每位興奮不已的「顧客們」。

有一次又到了營業時間，下課鐘響了，卻赫然發現：我的店員們一個都沒出現！連想打電話確認狀況的時間都沒有，我只能盡快讓商店運作，不然肯定引起民怨。

匆匆忙忙把商店準備好，顧客們魚貫的選購商品並開始結帳，我也開始暫時代替店員的工作，協助顧客們登記商品與收款。然後，這群店員們終於氣喘吁吁的跑進學務處，原來前一節課老師因為有重要的進度需要結束，稍微耽誤了時間。看到我在忙，店員們立刻換上背心開始工作，有的顧貨架，有的引導排隊，有的為顧客解說，有的坐到我旁邊開啟另一個結帳窗口。

而我仍繼續協助結帳的工作。

也不知道過了多久，站在我後面的店員輕輕的說：「主任，我來吧！」

我只回：「沒關係，我可以弄這個。」

結了幾個商品的帳後，店員再度在我身後說：「主任，排隊的人很多，我怕你這樣會來不及，我來吧！」

原來，我的速度已經被嫌棄了嗎？

沒想到，當初我親手建立SOP，親手訓練的孩子們，在不知不覺中早已超越我了。看著工作中的他們，純熟的計算技巧與敬業的服務態度，心中只有滿滿的悸動。

「教育，是一個期待被後浪淹過的職業。」我們傳授所學，總是期待學生能吸收後加以應用，在某個時間點迸發能量！那一刻，看著學生穩步向前的背影，才剛被後浪淹過的老師，臉上盡是感動的微笑，並給予滿滿的祝福。

10
10
10
20

7

從錯誤中學習，未來一定更強大

7-1

小小年紀就有商業頭腦
君子愛財很OK，只要取之有道

某天接獲線報，學校出現學生轉賣商品獲利的事件。聽說，有人大量購買柑仔店商品回去，抬高價錢賣給其他同學，藉此賺取價差利潤。聽到這樣的描述著實令人震驚，我立馬展開調查詢問，並在短時間內鎖定相關人員，帶回學務處了解整個過程，事情是這樣子的：

這位當時四年級的小雪（化名），平日在班上並不是非常活躍的學生，屬於安靜型、課業中等，也沒有調皮搗蛋的紀錄，白話一點來說，就是存在感薄弱的學生。從導師描述小雪在班上的概況中，很難符合線報中描述的行為，她的外型上也是很正常的人，根本無法與大奸商的圖像連結。

實際與小雪晤談後，才知道整個故事的原委。原來小雪發現，高年級的男同學其實不喜歡來柑仔店消費，原因有二：一方面，下課時間非常寶貴，打球才是優先選項；另一方面，則是不喜歡花時間排隊，覺得浪費時間，但又想要柑仔店的商品，所以曾經私下委託小雪協助購買。幾次幫忙買東西下來，小雪發現一個既能幫助別人，又可以增加收入的方法，那就是統計需要購買的人員與品項，並且做成清單，到柑仔店一次購足。

這樣的服務，在學生圈子裡馬上就做出口碑，懶得排隊的學生紛

紛找上小雪，希望她能夠協助採買柑仔店商品。在上門客人愈來愈多的狀況下，小雪也開始收取每筆交易一至三元文林幣的手續費（我猜想也是想要以價制量吧）。除此之外，針對多次委託購買的同學，小雪還會送一張自己手繪的會員憑證，下次交易時，憑此證可減收手續費的優惠……

知道整件事情的過程後，我並沒有立即責罵或處罰，而是陷入了思考，並開啟處室內部的對話討論，主要想聚焦在：這樣的行為算不算違規？文林銀行能否容許類似行為再一次出現？如果排隊變成過大的負擔，柑仔店的營運有沒有需要檢討之處？

討論後，對於這次事件老師們形成了共識，也想出具體因應作法。

首先，這樣的行為我們定義為「代購」，也就是說，小雪付出了時間成本，委託者則付出了金錢成本，過程中並無不當得利的問題產生，基本上小雪的行為並不算違規。但學校的立場仍不鼓勵，畢竟我們不希望學校的柑仔店裡真的出現各式代購的行為，影響正常運作。

小雪算是一名非常特別的孩子，俗話說「生意孩子難生」，意思就是具備生意頭腦的人是少數，小雪才四年級，就有交易的發想與維繫客戶的策略，著實令人印象深刻。除了勸導她不要再進行這樣的行為之外，我特別破例，跳過面試，讓小雪直接到柑仔店工作，而她也欣然同意且工作態度積極。過程中，我也常與她分享許多店家銷售策略，像是單一特價、第二件五折、紅綠標等等，這些特價活動背後都有不同的目的。哪些商品會採取減價策略？哪些商品採取加價購方式？小雪很喜歡聽這些。甚至到後來，我會直接讓小雪嘗試著陳設下一波柑仔店活動的規劃，並請她詳細的告訴我，此次活動要做的銷售策略為何？其目的是要解決哪些問題？

另外，也因為這樣的事件，我們很認真的嘗試解決柑仔店大排長龍的問題。的確，下課時間對於學生來說是寶貴的，如果排隊的問題沒有根本解決，代購的行為仍有可能復發。最直接的作法是增設結帳櫃台，但學務處空間已經壓榨到極限，只好利用寬闊的走廊設置行動櫃台。但每次都要布置結帳櫃台其實非常累人，折衷辦法是改用平板電腦搭配藍芽無線條碼掃描器，將走廊的櫃台定義為「快速結帳櫃台」；也就是說走廊櫃台不收現金，只接受帳戶扣款的信用支付方式結帳。一方面將現金與無現金人潮成功分流，另一方面也持續鼓勵透過帳戶扣款，方便又快速。在兩組傳統櫃台，加上支援的兩組行動櫃台，終於大幅降低排隊時間，提升學生的購買意願。

為了多方面減少代購行為，我們也開始試辦「官方代購，宅配到府」。由學務處統籌，只要願意用文林幣買時間，支付少少的宅配費用，就可以在座位下單，然後便有專人將訂購的商品送到你的座位上。與其防堵，不如檯面化，透過正常且公開的方式不再遮遮掩掩，也避免地下經濟容易出現的交易紛爭。

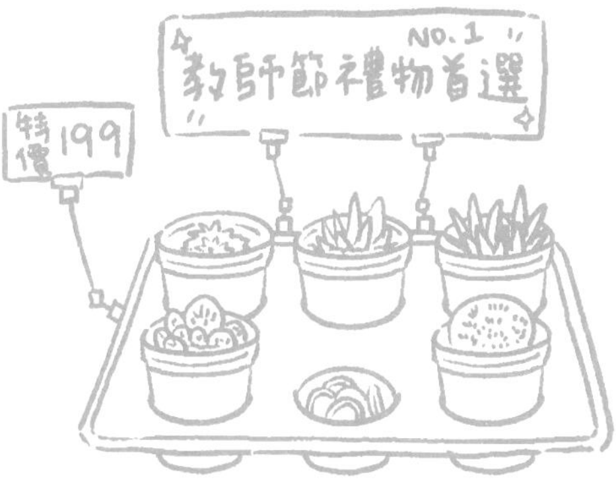

這次事件也促使我思考，如果不是這個機緣，也許我永遠不會認識小雪，而小雪也可能要長大後才知道自己喜歡且具備生意頭腦。「君子愛財，取之有道」是我希望在過程中與她分享的觀念；喜歡錢沒有錯，重點在於獲取的過程。教育工作者的價值，就是在學生學習的過程中給予陪伴與支持，透過真實的事件開啟對話，真實的理解與接受學生的觀點。我希望這個特別的經歷，能夠在小雪的心中埋下種子，有朝一日，在真實的職場能受用，足矣。

喜歡錢沒有錯，重點在於獲取的過程。

7-2 跳槽失敗，但熱情還在

阿軒在學務處環保隊工作，歸衛生組長管理，每天中午擔任「垃圾熱點計畫」的執行，這是在學校長期執行的計畫；環保隊員依照劃分的責任區域，撿拾人工垃圾並記錄下來，一段時間後，就可以觀測學校在哪些地方是屬於垃圾量特別多的熱點，作為打掃重點的提醒。

有一天，衛生組長聽說阿軒想要應徵文林銀行行員的工作，於是在環保隊例行會議上問了阿軒：「你知道環保隊與行員的工作時間是重疊的嗎？」「所以你去應徵行員的意思，是以後不來環保隊工作了？是嗎？」阿軒面對衛生組長突然的連珠炮詢問，有點不知所措。「你知道如果你應徵上了行員，就要進入試用期。在試用期這段時間，環保隊這裡人手會不夠，老師也必須要再找一個人接替你的位子。但如果你試用期沒過，想回環保隊時，老師不可能因此就讓新人離開；也就是說，如果你應徵上了行員的工作後，不管怎樣，你都有可能回不來，你知道嗎？」衛生組長告訴他。

阿軒聽完老師的分析後，可能是因為捨不得的情緒，紅了眼眶。但即使如此，他仍然想要去試試看行員的工作，衛生組長決定給予支持：「好啦！既然做了決定，就不要後悔！」

經過行員甄選後，阿軒如願通過初審與面試，取得正式行員的門票，開始進行為期三個月的試用期。由資深學長帶著這群新人，一步一步熟悉行員的工作環境與各種細節，舉凡：處理存戶的存款時，要確認存款單上的各項資訊與金額，是否與存摺、文林幣現鈔皆一致，若有錯則重新進行查核，確認存款錯誤的話，填寫溫馨小提醒的單子，說明原因後整筆退回；每日工作結束後，必須清點文林幣存款總數，填寫存款管制表並簽名蓋章，才能交付給擔任金庫總管的午餐秘書阿姨等等工作上的實戰經驗。阿軒學得很起勁，也學得很快，展現了積極的工作態度。

約莫過了一個多月，阿軒與其他幾個同期進來的學生開始出現存款錯誤的狀況，也常在工作期間，看到阿軒與其他同學聊天聊到太開心，不小心忘了手上的存款存到第幾筆，等到回神之後才發現存錯錢等等的問題。口頭糾正阿軒幾次後，狀況雖有減少，但仍零星出現。

有一天，我把阿軒叫到面前，跟他說：「我知道你放棄了環保隊的工作，來到這裡擔任行員，勇氣可嘉。但是這段時間，你的工作狀況說實在話並不好，當你不專心的時候，會搞錯存戶的錢，這是一件很要命的失誤，行員、店員是不可以出錯的，出錯是很麻煩的……」

試用期屆滿前夕，幾個行員仍然無法達到及格的標準，阿軒也是其中一位，我不得已必須請他們離開行員的行列……想了很久，身為老師，該如何召開這種「否定」學生的會議？如何措辭才能清楚表達，但又能將傷害降到最低？對我來說還滿困難的。最後，我決定還是真誠的、就是把自己內心的想法說出來。

「今天找大家來，是想跟各位說，經過這三個月的觀察，我們發現在座各位並不適合行員這份工作。但必須要讓各位知道，沒有得到這份工作，並不代表你的所有都被否定，只是在這件事情不適合，但工作有很多種，也許有一天你能找到適合自己的工作……」「俗話說，沒有功勞也有苦勞，各位畢竟付出了時間，在離開前，還是會給你們一些文林幣當作感謝。」

散會後，阿軒難過的流下了眼淚，沒想到下定決心放棄了環保隊的穩定工作，轉戰應徵行員，卻被辭退。看著阿軒離去的背影，身為老師，我的內心並沒有比較舒坦。

許多年後，在《文林銀行》紀錄片院線上映時，我也邀請阿軒和他的家人一起到電影院觀影。映後座談時，我邀請阿軒到台前，與觀眾們聊一聊當年複雜的心境。這時，阿軒已經是高中二年級的大哥哥，印象中的稚嫩臉龐，除了增添成熟之外，完全就還是當年的阿軒。

他跟大家分享當時的心情：「我當年想要應徵行員的原因，是我滿喜歡數學的，對於行員能每天接觸錢幣感覺很有興趣，只是，沒想到居然被主任辭退了……接下來，我馬上要面對大學科系的選擇，這段行員的經歷對我來說很特別，我應該會選擇財經系當作我未來發展的方向……」語畢，觀眾報以熱烈的掌聲回應。

我想阿軒經歷的過程，並非多數的學生都能走過的，文林銀行提供了一個挫折，但阿軒並沒有被擊倒，仍堅持走自己喜歡的路。

7-3 偵破銀行盜領案

除了文林銀行的業務，學務處也常常需要扮演警察的角色，偵辦各類學生偏差行為的案件，其中的案例，包含以下這個可能是嚴重犯罪行為樣態的小故事。

記得是在開學過了一段時間，學務處接獲高年級某班通報：該班有一名男學生小明（化名），最近資金的使用突然變得非常闊綽，經常到文林柑仔店購買大量零食，還會請同學一起吃。更奇怪的是，同班還有女同學說，小明會私下給她文林幣，讓她有點不知所措。由於小明在班上，並非表現優異有機會大量賺取文林幣的族群，這樣的行為的確引人懷疑他資產取得的來源是否有問題。

由於不曾見過這種狀況，接獲線報之後，我先從系統上調閱小明的帳戶紀錄，果然看到金流異常的狀況——小明的帳戶在暑假期間，出現好幾筆鉅額文林幣的收入，讓他一夕成為文林銀行首富，且總資產遠遠高於高收入族群。看完帳戶紀錄後，我確定小明肯定有問題，一是，在機制中並沒有如此鉅額的單筆文林幣設定；二則是，暑假期間所有帳戶都應該處於靜止狀態，只有系統管理員可以進行教師帳戶的清理；基於這兩點，此案有深入追查的必要。

經過一小段時間拼湊證據，我找小明來約談釐清案情。小明看到我手上的資料後坦承不諱，他承認放寒假之前，有一次無意間得知行員的管理員權限帳號、密碼，來源是同班擔任行員工作的同學不小心洩漏的。在好奇心的驅使下，於寒假期間，小明使用家裡的電腦，透過行員的帳號、密碼登入，然後執行「提款」的動作。但事實上，在家裡的電腦操作提款功能，並不會有真的文林幣跑出來，所以小明在幾次操作之後便作罷。但後來，小明發現了一個方法可以成功移動資金，就是利用行員的權限，將不存在的文林幣，透過轉帳功能轉到自己真實的帳戶中，所以開學後他瞬間變成富翁。這些說法都從帳戶紀錄的資料得到驗證，應該可以確定小明所言屬實。

經與導師的訪談中得知，小明並非品學兼優類型的學生，人際關係對他來說是一個課題。期待在學校能夠被看見、被重視，但能力與期待之間顯然存在落差，這也符合小明不法取得這筆文林幣後的行為，大部分都買零食招待同學，希望獲得短暫被需要的感覺。小明甚至主動跟班上女同學說：「我可以給妳文林幣喔！」隔天，女同學的帳戶真的就出現了文林幣存款等情事。

除了法治教育嚴正重申與訓誡之外，追回的不法所得經過清查，有一部分已經被使用，且這個數字預估在小明畢業前都還不完。學務處被迫只能與小明進行「債務協商」，透過各項愛校服務來償還，例如在一整排盛開的阿勃勒樹下掃落葉，或是協助資源回收等工作。後續輔導方面，導師也非常積極，時常與小明進行晤談，希望透過這次的事件，促使小明正視自己的問題，並協助他找到更好的方法。

過了一段時間，小明依約完成愛校服務的全部項目，為自己的行為負責，並且在導師不放棄的努力下，小明理解了自己曾經的錯誤，如果發生在真實的世界，面臨到的將是非常嚴重的民、刑事之責，後悔可能都來不及了。

經過這次的重大事件後，我們深刻檢討資安的嚴重漏洞，立即提升密碼強度、更新頻率以及保管方式，並對於行員、店員重申資安風險與個人操守的重要性，確保這類事件不再發生。

對於這類偏差行為發生在文林銀行的計畫中，我始終認為，提供一個容許犯錯的空間，讓學生在自由選擇的過程中嘗試各種可能性，滿足自身

利益的「利己」並沒有錯，但重點是利己的方法是否正確。文林銀行讓學生自由選擇，選擇過程可能成功，也可能失敗，也有可能如小明行差踏錯，會受傷但不至於流血，學到教訓但不用承擔巨大代價。我期待學生能在六年的生涯中，真實的認識金錢，它就是一個中性的介質，但會因為承載使用者的觀點與行為，呈現出不同的樣貌。

提供一個容許犯錯的空間，讓學生在自由選擇的過程中嘗試各種可能性。

8

將文林銀行的理念落實到家裡及社會其他角落

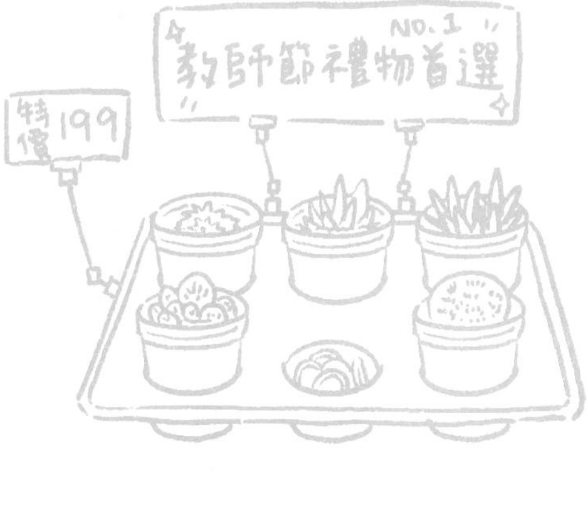

8-1

家裡也可以建立的理財環境

對我來說，一個人具備良好的金錢觀與理財觀，比他會讀書來得重要。孩子長大後，可能會擔任社會中不同的職業，但無論是小職員還是大老闆，每個人一輩子都在跟錢相處，只是我們似乎很少讓孩子直接接觸與使用金錢。當我們迴避談錢，孩子就永遠學不會，當我們不讓孩子去做金錢上的選擇，他就無法真正的體認。

這麼多年的演講與分享，我幾乎都會被問到一個共同的問題，那就是：「我孩子的學校裡沒有文林銀行這樣的機制，請問我在家能不能教導孩子使用金錢？」「幾歲開始適合跟孩子談錢？」

其實只要掌握幾個原則，在家也可以展開這樣的迷你銀行。以我自己的兩個國小階段的孩子為例，經過幾年下來，可以透過許多方面，看出孩子的金錢觀超過同年齡孩子許多，也懂得在錢財方面為自己的行為負責，滿足自己的同時也有一點點能力幫助他人，這都是我覺得值得在家裡操作理財的具體成果。

以下的原則與步驟，能協助身為父母的你，開始在家中建立簡單的理財環境：

1. 確認孩子的收入來源

錢要自己賺，這是首要之務，盤點家裡可以提供哪些「可被具體量化與檢核」的事務，作為孩子的收入來源，這些工作的性質比較接近「勞務承攬」的概念。舉例來說，我們家沒有洗碗機，大家也不想洗碗，而每天一定會產出包含孩子學校午餐用畢的餐具與其他髒碗盤，這種「固定發生、可具體執行、驗收項目明確」的工作，就非常適合作為孩子的收入來源，至於報酬要設定多少，就由父母自己評估。我自己是設定每次完成可領五元，後來配合基本工資調漲的社會議題，調漲百分之一百增至十元。

另外，也可以是成績進步的獎酬，可以是級距式的給予，例如：滿分考卷可以得一百元、九十五分得五十元、九十分得三十元，而八十分則得十元的方式給予。這種依照絕對分數對應的標準，在國小中低年級的階段，比較像是考驗孩子考試時的細心程度，而細心對應的是「在乎、負責」，所以父母給予標準的同時，也要傳遞這樣的訊息，讓孩子知道考試的獎勵不是成績至上的功利心態，而是期待孩子能自我負責的正向肯定。

如果孩子的成績已經常態落在某個分數區間，父母就可以採取「成績進步幅度」設定獎勵金額，例如：每次考試分數都平均大約落在七十五分，那只要下次考試能進步達八十五分，就是進步十分，對應金額為五十元，進步達十五分，對應金額為一百元。這種獎勵方式傳遞的是「突破自我」的概念，孩子在努力讀書準備考試的過程，不僅在成績上獲得成就，又可以賺到一定金額的收入。

建議父母適度設計一些「意外之財」，可以更貼近真實。舉例來說，逢年過節時長輩都有紅包給予孩子祝福，很多父母會因為這筆動輒幾千甚至上萬的金錢不可能就這樣給孩子，所以暫時先幫孩子存在戶頭中，累積作為未來的讀書基金或是創業基金等，這些都是很棒的決定。但若我們站在孩子的立場，客觀事實是「阿公給我的紅包，都被爸媽拿走……」所以我想出了一個既可以讓孩子拿到真正的紅包，父母也不用擔心孩子無法駕馭大筆金錢的方法。

過年前，我就會跟長輩們說好，每個給小孩的紅包都包成兩包，一包裡面裝一百元，另一包就包長輩想給晚輩的祝福金額，一百元那包就真的讓孩子實際運用，另一包我們則會另外存到孩子的帳戶中。等孩子年紀大一點時，我們也會直接告訴他們，今年不管收到多少紅包，每包會實際提撥一百元給孩子自由運用。

總而言之，收入的管道很重要，父母必須衡量孩子的能力、興趣等等，但也不能只投其所好，不妨回想自己的過去人生，賺到的每一筆錢是否都很快樂？有沒有一部分是不得已的？這些人生的酸甜苦辣，都可以稍加調整後，在孩子可以承受的範圍內作為收入管道；告訴孩子不管是付出勞力，還是聰明才智，在社會上都有機會賺錢，但賺錢不是唯一目的，而是付出心力的一種報償與具體肯定。

我也要特別提醒，如果家中實施這樣的賺錢機制，永遠不要「只給錢就好」，教養過程的「對話」仍然相當重要，正向的語言能影響孩子更為深遠。

2. 劃定孩子的支出項目

有了收入，就要思考可支出的管道有多少，如果孩子透過自己的努力累積了一定的金錢，就必須給予一定程度「可自由支配與決定」的消費項目。

一般來說，孩子日常的食衣住行等支出，大多還是父母的養育責任，被歸類為「需要」，而對應另一邊的「想要」，就可以嘗試著讓孩子自己評估。舉例來說，動漫卡通人物的周邊商品就是最好的選擇，跟孩子溝通這些所謂的「民生非必需品」，並不是父母養育子女的責任範圍，但現在起，孩子開始有機會與能力買下來擁有。

也就是說，讓孩子自己建立賺錢的目標，就會和錢開始產生連結，然後開始思考「我真的要買嗎？」「買了，我的錢就會變少。」「我真的很喜歡嗎？」這些問題，評估與選擇的練習，就會發生在這些思辨中，這是我認為基礎理財教育裡面很重要的練習過程。

3. 買一本流水記帳本

一般書局都會賣兒童的儲金簿，或是記帳本。強烈建議將所有收支歷程記載，然後另外找一個零錢包收納現金，建立錢／帳概念，如果孩子還小，這件事可由父母幫忙，每一筆收入與支出都必須記載，最好包含日期、事由、金額、即時餘額等資訊。如果孩子可以寫注音，就讓孩子自己做，按計算機也沒關係，務必要求孩子收入與支出之後立即記帳，才不會忘記寫上，而變成帳目不符。

只要這件事情持續做一段時間，你會發現孩子對於帳戶裡的數字金額產生概念，面對貨架上的商品標價開始有感受。等到記帳這件事情步入軌道，對父母來說，只要定期查核帳本裡，最後一筆即時餘額與零錢包中的錢是否相符就好。

帳本會呈現孩子的生活軌跡、賺錢能力的增減、喜好的改變過程，也是孩子自我負責的最佳證明，是另一種珍貴的成長紀錄。

4.有信用、有紀律的持續執行，也別忘了持續開啟對話

無論父母在家與孩子如何訂定遊戲規則，最重要的是父母一定要守信用，不能朝令夕改，也盡量避免情緒牽動決策。要記得父母與孩子就是典型權力不對等的關係，擁有更大權力的父母更應該尊重遊戲規則，

持續、有紀律的執行，才能真的建立貨幣信心。

讓孩子賺錢與花錢，是一種練習的過程，並不是真的可以取代父母的教養，所有的計畫都要仰賴執行者的觀點，看待的角度不同，執行的樣貌就各異。對我來說，如果每個家庭都能發展出自己特有的理財小方法且成功運行，

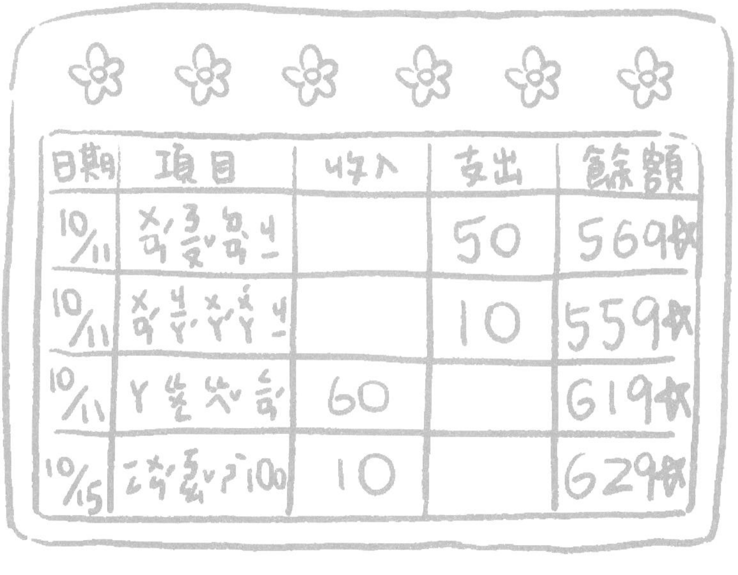

都是值得讚賞的。

當我們迴避談錢，孩子就永遠學不會，當我們不讓孩子去做金錢上的選擇，他就無法真正的體認。

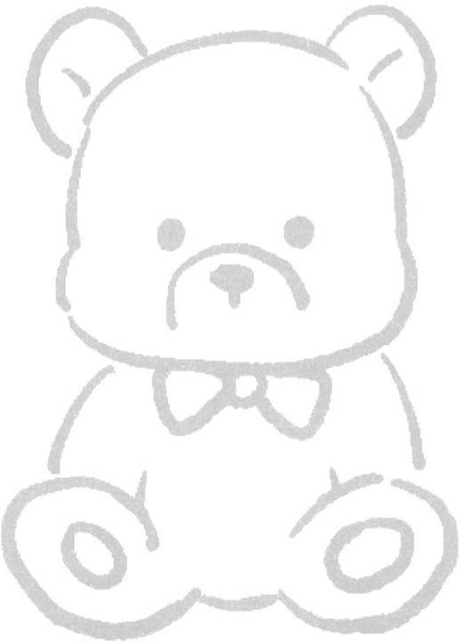

8-2 家裡也可以操作的理財小策略

「文具架上的自動鉛筆大約二十五元可以買得到，我可以幫妳支付二十五元，因為那是妳上學的『需要』；但如果妳要買超過二十五元的自動鉛筆也可以，差額就要用妳自己的錢付喔！因為超過二十五元就是妳的『想要』。」這是發生在我與當時三年級女兒的日常對話。

建立記帳的習慣

類似文林銀行的機制，我同樣實施在自己的兩個小孩身上，小兒子從中班開始，大女兒從小學一年級開始，每個人有一本書店買的存摺流水帳本以及零錢包。

孩子們在一些固定的勞務上獲得報酬，例如自己洗每天上學時用餐的餐碗，洗完檢查確認乾淨後，每次可以領取五元。而且必須逐筆登載於帳本上，詳細說明日期、存入金額、文字摘要、餘額等資訊，記錄完成後，這就是屬於他們自己私有的財產，擁有支配權，也必須自行負責保管。當爸爸的我一開始會幫他們撰寫帳本，教導他們使用計算機，學會之後，我就變成每月固定抓帳的會計師，確認帳與錢是否一致，萬一帳目不符，就往前逐一追溯，若還是無法確認，孩子就只能自行認列虧損。

創造消費的需求

當孩子開始逐步累積一定額度的存款後，就必須讓他們有消費的機會。賺錢的目的不僅只有累積財富，更是要滿足生活所需，許多時候，儲蓄是手段與過程。當孩子手中掌握私人資產時，「需要」與「想要」的衡量才能實際被體現，那種經過思考後的決定，無關乎對與錯，而是一種夾雜自身性格與消費欲望的結果。

身為父母，我覺得最難的部分，是如何盡可能尊重孩子的消費決定。即使他準備要買的東西是垃圾，都要讓他買，因為如果父母總是出手干預並進行指導，那孩子手中的錢，就不是他的錢了，這對於貨幣信心會有一定程度的削弱。

課業學習的回饋

除了勞務的收入之外，我們在定期評量前也會與孩子討論，制定本次評量應達到的分數級距與獎勵金對應，例如若國語考一百分，可以對應得到一百元，九十五分可得八十元，九十分則是五十元，八十分就是三十元等。

這種把金錢視為獎學金的概念，在國小階段主要是訓練孩子細心、仔細的能力，國小中低年級課業沒有那麼艱深，但考試往往會在未注意的小細節上失分，透過這種方式強化孩子自我要求的動機。同時也要讓孩子了解，分數雖然不是你有無學會的唯一標準，但分數同時呈現了你的在乎程度；如果錯的部分都是粗心大意，那就表示在乎的程度不夠。父母給你的愛，不會因為你的分數高低而有所分別，但擺在那裡的獎勵金額度，則會因為你的努力程度不同。

至於被歸類在「意外之財」的過年紅包，大部分人的共同記憶，都是紅包是一種「看得到吃不到」的存在。不管拿到多少紅包，總是左手接過來，右手交給父母，然後錢呢？不知道，父母總是說：「我先幫你存起來，以後你要念大學或結婚的時候還給你。」對小孩來說，未來是遙遠不可知的狀態，當下的事實就是「紅包都被爸媽拿走了⋯⋯」。

自己為人父母後，終於可以理解，大部分的父母會將紅包代為保管，其實一方面是未雨綢繆的累積，另一方面是擔心這筆錢金額太大，小孩肯定沒有妥善運用的能力。在我們家，會先與孩子溝通，告訴他們紅包是長輩給予的祝福，能夠妥善運用是非常重要的，實務面的作法是，提撥紅包總額的一部分（也許是百分之十）作為他們實際可支配的金錢，記帳後就歸孩子所有，其餘百分之九十的金錢則分別幫孩子進行長期投資，期待二十至三十年後，至少能緊跟通貨膨脹，不要讓錢縮水。對小孩來說，他們就可以思考這筆金錢是否要進行使用？是要合併之前存的錢，一起買個貴的玩具？還是今年先不買東西，存起來之後再說？還是先買個小東西滿足一下過年的氣氛，剩下的存起來，以後有機會時使用？這些決定我們都尊重，因為那是你的錢，自己決定用途，然後為自己的決定負責。

孩子會經歷的幾個階段

目前為止，這套機制在我們家已經持續實施超過四年，過程中我們也發現孩子會經歷幾個重要的階段。

首先是蜜月期，對於「賺錢後可以花錢」這件事覺得非常新奇，也非常熱衷，所以資產會因為消費次數密集不容易累積，這個過程與文林銀行，甚至後來的翻轉銀行後台數據狀態一致，我稱之為「今朝有酒今朝醉」的階段。每個人經歷這個階段所需時間不同，有的人需要比較長的時間，有的人一下子就過了，我們家小兒子就屬於不太喜歡任意花錢的個性，大女兒則是天真樂觀，喜歡透過小物來滿足自己。

接下來就會進入資產累積的第二階段。透過前一個階段的花錢經驗，孩子對於賺錢↓存款變多↓消費↓存款變少的流程已瞭然於心，會有一段時間比較不花錢，想看著自己存摺的錢慢慢變多，可以買更貴的商品。

第三個階段，就會開始出現金錢性格的差異，對於金錢的賺取與消費有自己的想法，慢慢可以說出一套有邏輯與脈絡的論述，消費不再是衝動的單一決定，而是包含了前因與後果的思維。舉例來說：小兒子屬於不愛花錢的人，覺得什麼都很貴，不管怎樣都希望導引到「需要」層次，讓爸媽買單。唯獨對於寶可夢機器台非常著迷，每回合要三十元，每次進去大約總花費是六十至一百二十元不等，對他來說，那是很值得的消費，甘願在便利商店和大家排隊玩機台，偶爾拿到厲害的卡片就超級開心，但更多的是拿到爛卡或是普通卡，但既然這是他的資產，基本上都會尊重他的選擇，就這樣持續大約一年多，突然有一天：他說：「我不想玩了！」

我大驚的問：「為什麼？」

他說：「我覺得這個遊戲有點不划算，每次排隊都要排很久，玩一次後，又要再重排，花錢又花時間。但我覺得比較大的問題，是這種遊戲機台的設計就是要讓很多人花錢，不然他要賺什麼！我還是不要繼續玩好了。」

我心裡暗暗竊喜，這小子終於想通了，但還是問：「可是你玩了一年多，這麼多的卡片，就會完全沒用了耶！不會覺得可惜嗎？」

他回：「沒關係啊，就留著當紀念，我喜歡寶可夢啊！」

人教人？還是事情教人？

養兒方知父母恩，為人父母才知道自己總是會變成小時候討厭爸媽嘮叨的模樣，總希望孩子不要養成壞習慣，不要做危險的事，不要做那些看起來很蠢又沒有效益的事……回想我們孩提時，是不是爸媽愈不要你做的事，有時候會愈想做呢？成功或失敗並不是重點，重點是嘗試，即便爸媽已經預見了失敗的可能，「嘗試」這種冒險性格的因子，仍然會存在於每個人的心中。

在我的觀點中，適度規劃孩子可以自行負責的範圍，在範圍內享有充分的決策權，父母參與討論，給予建議，但尊重孩子的選擇，即使孩子的選擇與父母預期的不同，都給予尊重，有助於孩子發展出更成熟的性格。

透過自己的力量，賺取合理的報酬，累積私有資產，作為自行負責的基礎，是我自己實驗出來很有效的策略，就如俗話說的「人教人教不會，事情教人一教就會」。讓孩子規劃自己的收入與支出，不管成熟與否，我們從旁給予建議，聆聽並協助分析，分享過來人的經驗，期待孩子能夠建構出一套屬於自己的成熟金錢觀。

身為父母最難的部分，是如何盡可能尊重孩子的消費決定。即使他準備要買的東西是垃圾，都要讓他買，因為如果父母總是出手干預並進行指導，那孩子手中的錢，就不是他的錢了。

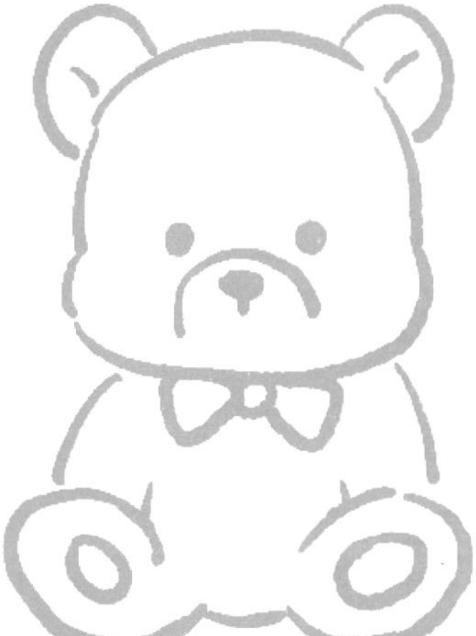

8-3

抖內？課金？贊助？陪孩子一起圓夢「追星」

不得不說，Podcast的問世，真的是父母的福音；兒童故事分類的頻道裡，有著讓人選不完的故事，有原創、有說書，不管是在長途車上還是假日的客廳，只要一播放，小孩通常都會停止爭吵，進入故事的情境中，讓爸媽的身心靈得到暫時解脫。

我們家兩小就是Podcast的忠實聽眾，尤其是大女兒，喜歡的頻道中每集故事幾乎都反覆聽好幾次，有天她跟我說：「我可不可以用我的錢贊助村莊發展？」我聽了滿頭霧水。

「就是我想用我的錢，贊助 Poca 村長繼續說故事啊！因為我超喜歡她的 Poca 故事村。」女兒說。

原來，她想要長期小額贊助自己最喜歡的 Podcaster，希望她的頻道〈Pocapoca 故事村〉能持續產出優質的故事內容，此時，換我猶豫了……是否該答應她這個請求呢？這個消費行為背後的意義，大女兒是否清楚明白？

於是我跟女兒說：「妳知道贊助村莊發展的意思，是每個月妳要給我九十九元，然後我幫妳透過信用卡付款，這是每個月都要做的事；也就是說，每三十天，妳的存摺會減少九十九元，但是〈Pocapoca 故事村〉這個頻道不管妳有沒有贊助，都是可以收聽的！」

「我很想贊助她！」女兒堅定的回答。

「我現在給妳看付款頁面，然後我讓妳考慮七天，七天後，如果妳仍然維持當初的決定，我就幫妳付款。」我回答。

我想利用「猶豫期」的概念，促使她必須好好思考這筆消費的意義，以及之後會帶來的影響；另一方面，我也很想知道，如果她決定贊助了，能夠支持多久？會不會有一天，她跟我說：「我想取消贊助」？我想，同年齡的小孩應該滿少這種經驗，讓她嘗試一下也挺好的。

七天後，女兒跟我確認了贊助的意願，而我也在她面前，當場操作信用卡付款的手機頁面，完成了贊助。

從開始贊助大約過了三個月，文博會移師高雄舉辦，透過 Poca 村長的節目訊息，得知村長本人當天會擺攤出席，我們就想：「如果能夠帶女兒去看村長本人，拍張合照，她應該會超級開心吧！」

當我們在人山人海的文博會場找到 Poca 村長的攤位時，女兒很害羞的跟村長說練習了很久的話。「我……很喜歡聽村長的節目，我有用我自己的錢贊助村莊發展，希望村長都能一直錄好聽的故事給大家聽。」村長聽完我們補充整個贊助的過程，以及女兒如何運用自己資產的決策歷程，非常佩服也很感謝女兒的支持。對女兒來說，也算圓了小小追星夢，支持自己喜愛

的創作者。

直到現在寫書的這一刻，這個長期贊助大概維持了將近一年，且還持續著，對女兒來說，好像已經變成每個月固定要支出的項目，也因此要更努力賺錢了。

8-4 質疑的聲浪從未少過，最重要是相互理解

從文林銀行計畫的一開始，直到多年後的現在，每當我在外演講分享時，總是會有人聽到一半就坐立難安，在台上彷彿可以閱讀到他腦中的各種對話泡泡；有些人會忍不住打斷講座直接問，有些則是很有耐心的等到Q&A時間才問，有的雖然無法認同，但一時間想不出怎麼問，但表情扭曲等等……這些人是我直到現在都願意到處演講，創辦翻轉銀行的重要動力之一。

我將眾多的問題與疑慮歸納出幾個方向，透過文字回應我的觀點，

嘗試說服正在閱讀本書的你，無論認同與否，最重要的是相互理解的過程。

Q：參與這個計畫的學生，會不會從此以後變得總是看錢？有錢才做，沒錢我不做的唯利是圖心態？以後家長是不是在家就會叫不動小孩做家事？讀書考試本來就是小孩的責任，會不會以後小孩考得好，就回家跟家長要錢？

A：從人性的角度出發，當所處的環境出現了一個新的變數，自然就會被大腦納入思考，評估是否依據新的變數改變原本既有的作法。所有的增強物目的皆是如此。

將金錢納入思考就是文林銀行計畫的重要目的之一。事實上並非每一個人天生都熱愛讀書，學習的開關不容易被啟動，老師們存在的目的之一就是想方設法，盡量讓熱愛學習的人增加。除了文林幣之外，每間學校也透過各種不同增強物進行動機的強化，在本質上都是一樣的，差別在於，文林幣的遊戲設定是貼近眞實金融社會的背景，營造自我決定、管理，進而負責的環境，在獲得增強物的同時，也獲得練習使用金融工具的機會。

家庭與學校屬於不同的系統，原本就會有不同的規則；家庭屬於親子關係的範圍，學校比較接近小型社會。無論是相處模式、生活作息以及規範上，家庭與學校都有許多差異，更不用說每個家庭的差別又更大了，如果孩子從學校回家後，跟父母說：「學校做事可以獲得獎勵，以後我在家做事可不可以也獲得獎勵？」背後釋放的訊息是：「能否公平對待我？」我無法代替每位父母回答這個問題，因爲這個問題並不存在正確答案，或者說答案不會只有一種，答案存在於每個家庭的脈絡中。

以家事作爲舉例，有的家庭認知是「家事應該是每個家庭成員共同的責任」，無論有沒有報酬都應盡的「義務」，有的家庭則趁做家事的過程，鼓勵孩子付出並獲得獎勵（這個概念很像是班級內部每天安排的值日生，值日生的工作在班級裡有沒有獲得文林幣就因班而異），給不給獎勵？都是父母的「選擇」，選擇並沒有對錯，而是能否有合理的論述支持你的選擇。

Q：學校導入這樣的計畫，是否會因此造成許多偷竊與搶劫的事件發生？

A：這類的問題是許多現職教育工作者會提出的疑問，我也理解提問的背後來自於對學習環境被劇烈改變的擔憂，擔心在金錢的誘惑下刺激了負向行爲的加速發生，雖然我也認同，但通常我會反問一個問題：「請問如果學校不發行文林幣，是否就不會出現偷竊與搶劫的事件發生呢？」另外再問：「如果學校眞的不幸發生了偷竊與搶劫的事件，請問您希望案件涉及的是新台幣？還是文林幣呢？」

文林幣畢竟不是法定貨幣，與外界沒有實質的匯兌，它的價値與貨幣信心只存在於校內；也就是說，若因文林幣而造成任何金錢上的行爲偏差，在善後處理上都會相較法定貨幣容易許多，學生會在過程中得到教訓，但不會眞的受傷。

Q：學校許多學生自治的工作，應該是追求內心的榮譽、無償的付出，不應該以金錢利誘。

A：在文林銀行實際運作上，我也發現，任何的團隊工作若要將文林幣作爲報酬時，仍不應放棄團隊管理，相反的，應該是在既有的團隊管理策略中，納入文林幣的獎酬辦法，使團隊運作與眞正的公司類似；公司內部若能有適度的良性競爭，績效才能上升，換言之，在學校團隊裡導入文林幣，主要目的應該是增加老師管理的工具，而非放棄其他已存在的規則。

在我的觀察裡，因成就感進而產生的內心富足感，並不會因爲工作完成後領了文林幣獎勵而減少，相反的會有疊加的效益。追求志工無私付出的教育觀點我完全尊重，只是我認爲，大多數的學生未來離開學校後要投入的是職場，如果學生能夠在校園裡先操作過金融工具，是不是能一定程度的降低出社會後所需要付出的成本？

Q：利用文林幣對學生自治團隊進行任務管理，可能構成非法僱用童工之違反《勞基法》行爲。

A：的確，在《勞基法》第五章第四十四條明定「十五歲以上未滿十六歲之受僱從事工作者，爲童工。」進一步來說，國小階段的學生都是十五歲以下，若依照《勞基法》第四十五條的規定是不得僱用的，是否就表示這樣的行爲可能眞的有觸法的問題呢？

從法的角度來看，學校是教育單位，學校對於學生的關係並非《勞基法》第一章第二條中所稱事業單位（當然學校依法聘用的警衛或職工，彼此的關係屬《勞基法》適用範圍），學校教師與學生進行的教學活動並非僱主與勞工的關係。學校透過教育的策略，教導學生如何認識與運用金錢，並不是真的利用學生作爲勞工，產出具有價值的勞動力，進而讓學校產生獲利。

換句話說，學校透過代幣制度進行的一場金融教育的計畫，想要極大化的效益，並非真正的金錢，而是每一位參與其中的學生對於金融世界的真實學習與體會。

Q：學校給的獎勵變成可流通可轉移的代幣，這樣一來我們無法確定這個學生手中的文林幣是努力的證據！

A：文林幣與大部分獎勵制度最大的差異，就是「可流通性」。有別於「綁定身分」的榮譽點數或榮譽卡，會進行這樣的設計，主要目的就是賦予持有文林幣的學生「掌握資產」的權力，如果獎勵制度沒有限制不能轉移，那剩下的問題就是「你要不要選擇轉移？」擁有選擇的權力，意味著必須爲自己的選擇負責，這是金融理財教育中很重要的練習課題，呼應著大家都朗朗上口的一句名言「投資理財有賺有賠，申購前請詳閱公開說明書……」

至於可能出現的私下借貸行爲，老師就可透過積極的宣導，告訴學生：文林幣都是自己辛辛苦苦賺來的，千萬不要平白無故給了別人，自己的資產應該靠自己的能力獲取，而非著眼於眼前的物品，便向他人借用金錢。

所以在文林銀行裡面，我並不特別推崇富翁，也就是高資產族群。每個人資產的多寡，僅是顯示了餘額查詢當下的帳戶狀態，一個時間切片，實際上背後存在著許多可能的心理因素。高資產的學生可能是還在努力累積文林幣計畫購買最貴的坦克模型、也可能是完全看不上柑仔店的商品，甚至可能只是這個學生純粹想看帳戶的存款直線上升的感覺而已。

文林銀行的目的是讓學生體會、擁有、使用金錢，與金錢做朋友，理解其用處與限制。

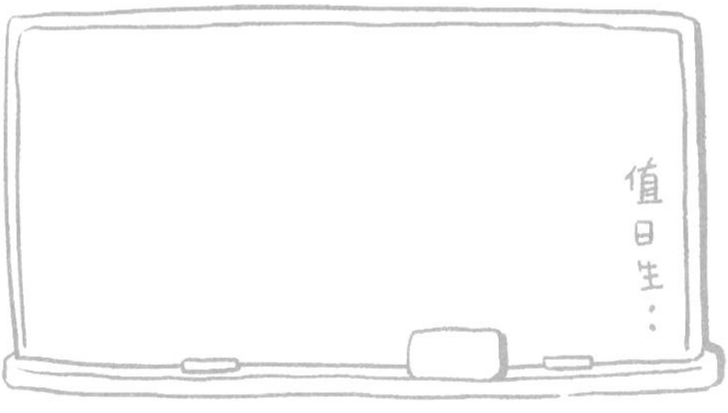

8-5

翻轉銀行，透過教育翻轉孩子的人生

「如果有一天真的有機會終結貧窮，願不願意一起做些很酷，但可能要走很久的路？」在我即將任滿離開文林國小之際，結識多年的紀錄片導演周世倫與其夫人胡瑩瑩，有天問了我這句話。他們希望能將這套思維與作法推廣到台灣的不同角落，讓許許多多至今仍受金錢所困的家庭或區域，能透過教育的手段，從根本翻轉孩子的人生。

「教他們釣魚」的翻轉團隊成軍

長期深耕原住民部落的周世倫導演，點出台灣無論在社會救助的政策，或是多數民間力量的主軸，都是採取直接補助的方式，協助受補助的人們得以立即解決經濟與基本生理所需的問題。但長遠來看，能不能有一個方法，是「教他們釣魚」，而不是一直「給魚吃」呢？而文林銀行計畫的本質之一，就是訓練學齡兒童認識金錢，進而運用，在無數次的選擇累積經驗後，形成一套適合自己的成熟金錢觀，就能夠避免陷入貧窮的輪迴。

退休前擔任了十年的銀行專案經理，及擁有十年ＩＴ部門經驗的胡瑩瑩，不僅具備豐富的銀行業務經驗，還能與系統工程師溝通。退休後一直想找個有趣且有意義的事情，當作是人生下半場的任務。

一拍即合的三位，就在我離開文林後一年，成立了「翻轉銀行」。

想要操作類似本書理財課程的學校或是機構，都能透過翻轉銀行取得服務，以浸潤式的金融理財教育，培養學生的財金素養，長大後才能不被金錢所困，也才有機會真正翻轉自己的人生。

什麼是翻轉銀行？

翻轉銀行是一個雲端平台資料庫的服務，用簡單概念理解的話，就是一個可以記錄銀行的每一筆收入支出，以及商店銷售的進／銷／存資料的平台，接受服務的學生每次的交易紀錄都會被存放於資料庫中，而經過長時間的累積，就會從紀錄中看出脈絡，這個脈絡會與接受服務學生的性格出現正相關；也就是說，在翻轉銀行的資料庫中，發現學生的收入支出行為，居然與他的個性有著密不可分的關係，對於現場老師來說，這份紀錄提供了有趣的佐證，幫助老師更快理解學生。

翻轉銀行同時也是一套獎勵機制，提供老師全開放不設限的自由平台。每位老師都可設計任何自己想得到的目標設定、獎勵方式、獎勵範圍等等，從全校性的活動、班級內部，一直到個人化的專屬獎勵都可以支援。從學生的角度來看，在翻轉銀行的機制中，優異表現不再被分門別類，頭腦好的課業優異與勤勞認分的默默努力都是同等的結果，努力＝財富，而財富的累積是個有趣的過程。

為社會陰暗的角落，點一盞燈

城鄉差距與貧富懸殊，一直都是需要被解決的問題，團隊之一的周世倫導演，多年以來持續為原住民部落協調與調度緊急民生物資，為風災或地震無家可歸的人們重新建立棲身之所。從導

演身處社會救助的第一線眼中，看到接受協助的人們所處的環境，充滿了無奈與辛苦，但他們沒有選擇，看不到改變的契機。曾有位部落獨居的婆婆跟他說：「謝謝你們願意送年菜組合給我，不然其他人都一直送白米，我就一個人，你看，這麼多白米我哪裡吃得完，到最後長蟲只能拿來餵雞……」類似這樣物資不均的狀況普遍存在於偏鄉，這大概是從小生活在都市的人難以想像的情景。

要改變這樣的狀況，除了改善物資分配系統之外，長遠來看，透過教育的方式，改變偏鄉人們的思維，從小理解財務金融知識，長大後就有機會脫離貧困的環境。翻轉銀行設立目的之一，希望提供服務到台灣各個偏鄉與角落，協助當地學校或教會課輔班，建立類似但不等於文林銀行的獎勵制度，讓學生從小體會與練習運用資產，進而形塑出良好的金錢觀念，增加未來人生的選擇權。

直至今日，我仍與團隊夥伴穿梭這片土地的每個角落，倡議著我們心中的願景。我們相信，提前深化每個人對於金錢的認識與理解，才能夠從本質上翻轉每個人的人生，讓金錢為我所用，而非阻礙夢想之路的石頭。

Next Generation 06

我在國小開了一間銀行

一位斜槓老師的創新實驗，翻轉校園的金融理財教育

2024年2月初版　　定價：新臺幣360元
2024年6月初版第二刷

著者	賴皓韋
叢書主編	李佳姍
特約編輯	賴韻如
校對	陳佩伶
整體設計	初雨設計

出版者	聯經出版事業股份有限公司	副總編輯	陳逸華
地址	新北市汐止區大同路一段369號1樓	總編輯	涂豐恩
叢書主編電話	(02)86925588轉5395	總經理	陳芝宇
台北聯經書房	台北市新生南路三段94號	社長	羅國俊
電話	(02)23620308	發行人	林載爵
郵政劃撥	帳戶第0100559-3號		
郵撥電話	(02)23620308		
印刷者	文聯彩色製版有限公司		
總經銷	聯合發行股份有限公司		
發行所	新北市新店區寶橋路235巷6弄6號2樓		
電話	(02)29178022		

行政院新聞局出版事業登記證局版臺業字第0130號

本書如有缺頁，破損，倒裝請寄回台北聯經書房更換。　ISBN 978-957-08-7266-8 (平裝)
聯經網址：www.linkingbooks.com.tw
電子信箱：linking@udngroup.com

國家圖書館出版品預行編目資料

我在國小開了一間銀行：一位斜槓老師的創新實驗，翻轉校園的金融理財教育/賴皓韋著．初版．新北市．聯經．2024年2月．
248面．14.8×21公分（Next Generation 06）
ISBN 978-957-08-7266-8（平裝）
[2024年6月初版第二刷]

1.CST：理財　2.CST：價值觀　3.CST：兒童教育

5635　　113000310